湖北省社科基金一般项目（后期资助项目）"预防性储蓄、房价波动与财富积累研究"（项目编号：HBSK2022YB329）；湖北省教育厅哲学社会科学研究项目"共同富裕视角下中等收入群体的动态演变及提升路径研究"（项目编号：22Q116）；湖北师范大学人才引进项目"共同富裕背景下中国家庭财富积累研究"（项目编号：HS2022RC001）；湖北师范大学研究阐释党的二十大精神专项课题"中国家庭财富积累机制及路径研究"（项目编号：HS2023KY04）；资源枯竭城市转型发展研究中心开放基金项目"资源型城市转型升级进程中的反贫困进展与贫困治理研究"（项目编号：KF2023Y01）。

预防性储蓄、房价波动与财富积累研究

PRECAUTIONARY SAVINGS, HOUSE PRICE
FLUCTUATION AND WEALTH ACCUMULATION

杨灿◎著

中国社会科学出版社

图书在版编目（CIP）数据

预防性储蓄、房价波动与财富积累研究/杨灿著.—北京：中国社会科学出版社，2023.8
ISBN 978-7-5227-2471-3

Ⅰ.①预… Ⅱ.①杨… Ⅲ.①国民财富—研究—中国 Ⅳ.①F124.7

中国国家版本馆 CIP 数据核字（2023）第 156218 号

出 版 人	赵剑英
责任编辑	任睿明　刘晓红
责任校对	周晓东
责任印制	戴　宽

出　　版	中国社会科学出版社
社　　址	北京鼓楼西大街甲 158 号
邮　　编	100720
网　　址	http://www.csspw.cn
发 行 部	010-84083685
门 市 部	010-84029450
经　　销	新华书店及其他书店
印　　刷	北京君升印刷有限公司
装　　订	廊坊市广阳区广增装订厂
版　　次	2023 年 8 月第 1 版
印　　次	2023 年 8 月第 1 次印刷
开　　本	710×1000　1/16
印　　张	13.25
字　　数	202 千字
定　　价	79.00 元

凡购买中国社会科学出版社图书，如有质量问题请与本社营销中心联系调换
电话：010-84083683
版权所有　侵权必究

摘 要

改革开放以来，随着中国经济快速发展，国内贫富差距不断扩大。收入差距并不等同于贫富差距，财产差距也是衡量贫富差距状况的重要方面。越来越多的学者意识到收入差距与财产差距之间存在互为因果、相互加剧的正反馈关系，但是还没有文献对其进行系统的研究。目前关于这方面的研究较为局限，大多是从财产性收入的角度探究财产差距对收入差距的影响，没有进一步讨论收入如何转化成财产。本书首先基于 Piketty 和 Zucman（2014）的研究，使用宏观数据将中国家庭财产积累分解为数量效应（储蓄）和价格效应（资本损益），从而将储蓄和资本相对价格与家庭财产积累联系起来。然后采用微观数据分析中国家庭财产积累的作用机制，并从理论和实证两方面探究预防性储蓄和房价波动对城乡家庭财产积累的影响。

本书发现：第一，利用 WID 数据将中国家庭财产积累分解为数量效应和价格效应，1993—2015 年储蓄（数量效应）可以解释家庭财产积累的 57%，而资本相对价格（价格效应）则可以解释剩余的 43%。第二，利用 2010—2016 年 CFPS 面板数据探究中国城乡家庭储蓄行为，结果证实了预防性储蓄动机的存在。第三，利用 2010—2016 年 CFPS 面板数据对城乡家庭预防性储蓄进行量化分析，结果发现预防性储蓄对城乡家庭金融性财产积累的贡献度为 18%—28%。第四，利用 2010—2016 年 CFPS 面板数据探究房价波动对中国城乡家庭储蓄率的影响。房价波动对城乡家庭储蓄率的影响来自房价上涨的"财富效应"和"为购房而储蓄"的储蓄动机两方面。第五，利用 2010—2016 年 CFPS 面板数据探究房价波动对中国城乡家庭财产积累的影响及贡献度。房价上涨会扩大有房家庭与无房家庭的财产积累差距。房价波动对家庭财产积累的影响主要是通过回报效应进行反馈，房价对家庭财产积累的贡献度高于其他影响因素。

基于上述结论，本书提出如下政策建议：首先，要保持经济快速稳定增长，并完善收入分配和社会保障制度，降低居民对于收入不确定性的预期。其次，可以通过健全房地产调控体系来防止房价剧烈波动，具体措施包括完善土地供给制度、适度征收房产税、推广住房反向抵押贷款以及完善保障房供给制度等。只有从收入和房价两方面双管齐下，才能将居民的预防性储蓄维持在一个合理的区间范围。最后，考虑到房价波动对不同家庭的影响存在明显差异，因此房价调控需要采取差异化的思路。房价调控手段不应局限于房地产价格的限制，还应该对购房资格以及多套房家庭贷款限制等方面进行综合调控。坚持"房子是用来住的、不是用来炒的"定位，加快建设多主体供给、多渠道保障、租赁并举的住房制度，让全体人民住有所居。

关键词：预防性储蓄；房价波动；财富积累；WID 数据；CFPS 数据

ABSTRACT

Since the reform and opening up, with the rapid development of China's economy, the gap between the rich and the poor has continued to widen. The income gap is not equal to the wealth gap, the property gap is also an important measure. More and more scholars realize that there is a positive enhanced feedback relationship and reciprocal causation between the inequality of income and property, but there is no literature studying systematically. Research on this aspect is relatively limited, most of which are analyzed from the perspective of property income, and there is no further discussion on how income is transformed into assets. Based on the decomposition method proposed by Piketty and Zucman (2014), this paper uses macro-data to decompose the accumulation of household property into quantity effect (savings) and price effect (capital gains and losses), thereby relation with the savings and the relative capital price. By using the micro-panel data, we explore the mechanism of household property accumulation in China, and explore the impact and contribution of precautionary savings and house price fluctuations on urban and rural household property accumulation from both theoretical and empirical aspects.

The findings are as follows: First, use the WID data to decompose the accumulation of household property into quantity and price effects. Results show that savings (quantity effect) in 1993 – 2015 can explain 57% of household property accumulation, while the relative capital price (price effect) can explain the remaining 43%. Second, use the 2010–2016 CFPS data to explore the savings behavior of urban and rural households, the em-

1

pirical results confirm the existence of precautionary savings motives. Third, use the 2010–2016 CFPS data to conduct a quantitative analysis of the precautionary savings of urban and rural households, and find that the contribution of precautionary savings to the financial assets of urban and rural households is 18%–28%. Fourth, use 2010–2016 CFPS data to explore the impact of house price fluctuations on the savings rate of Chinese urban and rural households. The impacts come from the "wealth effect" of rising house prices and the saving motive of "saving for house purchase". Fifth, use 2010–2016 CFPS data to explore the impact and contribution of house price fluctuations on the accumulation of urban and rural households. Rising house prices will widen the gap in property accumulation between families with houses and those without houses. The impact of house price fluctuations is mainly through the return effect, while its contribution is higher than other factors.

Based on the above conclusions, this article proposes the following policy recommendations: First, we must maintain rapid and stable economic growth, and improve the income distribution and social security systems, in order to reduce the uncertainty expectation of income. Second, the real estate regulation system can be used to prevent drastic fluctuations in housing prices, such as improving the land supply system, appropriately levying real estate taxes, promoting reverse mortgage loans for housing, and improving the security housing supply system. Only by combining income and housing prices can the residents' precautionary savings be maintained within a reasonable range. Finally, considering that the impacts of house price fluctuations on different households differs obviously, a differentiated approach is needed for house price control. The means of house price regulation should not be limited to the price limits, but should also comprehensively regulate the qualifications of buying a house and the loan restrictions of families with multiple houses. Adhere to the location of "the house is for living, not for speculation", and speed up the construction of a housing system with multi-

ABSTRACT

subject supply, multi-channel guarantee, and simultaneous leasing, so that to realize "Housing All".

Key Words: Precautionary Savings; House Price Fluctuations; Wealth Accumulation; World Inequality Database; China Family Panel Studies

目　录

第一章　导论 …………………………………………………………… 1

 第一节　选题背景与研究意义 ……………………………………… 1

 第二节　基本概念界定 ……………………………………………… 4

 第三节　研究设计 …………………………………………………… 10

 第四节　研究框架 …………………………………………………… 16

第二章　文献综述 ……………………………………………………… 19

 第一节　财富积累的相关研究 ……………………………………… 19

 第二节　国外预防性储蓄研究 ……………………………………… 22

 第三节　国内预防性储蓄研究 ……………………………………… 28

 第四节　国内外房价波动的相关研究 ……………………………… 30

 第五节　本章小结 …………………………………………………… 35

第三章　中国家庭财产积累的数量效应和价格效应 ………………… 38

 第一节　中国家庭财产积累现状及路径分析 ……………………… 39

 第二节　中国高储蓄率现状及原因分析 …………………………… 45

 第三节　中国房地产市场发展、房价上涨及原因分析 …………… 48

 第四节　房价变化对家庭财产积累的影响 ………………………… 54

 第五节　中国家庭财产积累分解：数量效应和价格效应 ………… 62

 第六节　本章小结 …………………………………………………… 70

第四章　中国城乡家庭预防性储蓄行为研究：理论与实证 ………… 72

 第一节　理论模型 …………………………………………………… 73

1

第二节　数据、变量和统计描述 …………………………… 76
　　第三节　计量模型与实证分析 …………………………… 80
　　第四节　稳健性检验 …………………………………… 87
　　第五节　预防性储蓄的机制分析 ………………………… 92
　　第六节　本章小结 ……………………………………… 97

第五章　预防性储蓄与财富积累：基于微观数据的分析 ……… 100
　　第一节　理论模型 ……………………………………… 101
　　第二节　数据、变量及统计描述 ………………………… 105
　　第三节　计量模型与实证分析 …………………………… 108
　　第四节　预防性储蓄的重要性 …………………………… 116
　　第五节　预防性储蓄对财产积累的机制分析 …………… 121
　　第六节　本章小结 ……………………………………… 124

第六章　房价波动对城乡家庭储蓄率的影响：基于微观
　　　　数据的分析 ………………………………………… 126
　　第一节　数据、变量及统计描述 ………………………… 127
　　第二节　储蓄率分布状况 ………………………………… 132
　　第三节　计量模型与实证分析 …………………………… 135
　　第四节　稳健性检验 …………………………………… 140
　　第五节　房价对储蓄率的机制分析 ……………………… 145
　　第六节　本章小结 ……………………………………… 151

第七章　房价波动对家庭财产积累的影响及机制分析 ………… 153
　　第一节　数据说明和统计描述 …………………………… 155
　　第二节　中国家庭房产结构变化（2010—2016年）……… 158
　　第三节　房价对家庭财产积累的影响 …………………… 162
　　第四节　房价对家庭财产积累的机制分析 ……………… 166
　　第五节　中国家庭财产积累分解（2010—2016年）……… 169
　　第六节　本章小结 ……………………………………… 176

第八章　结论与政策建议 ··· 179

　　第一节　结论 ··· 179

　　第二节　政策建议 ··· 182

　　第三节　创新与不足 ·· 183

附　录 ··· 186

参考文献 ·· 192

第一章

导 论

第一节 选题背景与研究意义

一 选题背景

党的二十大会议首次提出"规范财富积累机制",强调要完善分配制度,坚持按劳分配为主体、多种分配方式并存,坚持多劳多得,鼓励勤劳致富,促进机会公平,增加低收入者收入,扩大中等收入群体。因此,在当前调节收入分配结构、促进共同富裕的发展目标下,规范财富积累机制是缩小贫富差距、实现全体人民共同富裕的重要途径。收入差距并不等同于贫富差距,财产差距也是衡量贫富差距状况的重要方面(李实等,2000;赵人伟,2007;杨灿和王辉,2020)。根据国家统计局数据显示,自 2003 年以来中国居民收入差距的基尼系数不断上升,2008 年达到最高为 0.49。自此之后,基尼系数逐年下降,2012 年基尼系数为 0.47。近年来,财产不平等程度不断加剧,2012 年中国家庭净财产的基尼系数高达 0.73(谢宇和靳永爱,2014),明显高于收入不平等程度。

越来越多的学者意识到中国收入差距扩大问题,如果不与财产差距扩大问题放在一起考虑,已不能形成真正有价值的洞见。这是因为收入差距与财产差距互为因果,很容易产生"正反馈"效应而不断相互强化(李实等,2000;赵人伟,2007;贾康和孟艳,2011;李实,

2015）。虽然学者提出收入差距与财产差距之间存在互为因果、相互强化的正反馈关系，但是少有文献对其进行系统地分析。目前关于这方面的研究大多是从财产性收入角度探究财产差距与收入差距之间的关系（李金良，2008；陈晓枫，2010；王婷，2012）。并没有进一步讨论收入如何转化成财产，收入差距又如何影响财产差距。

皮凯蒂最早在《21世纪资本论》中提出使用财产收入比（财富收入比）来衡量资本规模及其在收入分配中的相对重要性，并指出财富积累存在"马太效应"，即穷者越穷、富者越富。本书将从财产积累视角探讨收入与财产之间的关系，在探究中国家庭财产积累问题之前，本书先根据宏观数据对中国家庭财产积累现状及路径进行分析，并采用Piketty和Zucman（2014）提出的财富分解方法将中国家庭财产积累分解为数量效应（储蓄）和价格效应（资本损益）。为了进一步讨论不同阶段中国家庭财产积累的数量效应和价格效应差异，本书还根据重大事件节点划分时间段进行分析，进而提出预防性储蓄和房价波动对家庭财产积累的重要性。

皮凯蒂指出财富积累主要来源于两个方面：一方面是收入通过储蓄转化为财产；另一方面是资本相对价格的变动导致现有财产价值的变化。前者为"数量效应"，后者为"价格效应"。由于中国城乡二元结构和城市偏向政策导致城乡家庭财产积累差距不断扩大（赵人伟和李实，1997；陆铭和陈钊，2004；赵红军和孙楚仁，2008；雷根强和蔡翔，2012）。1998年房改政策不仅没有矫正住房分配制度所带来的不均等问题，反而通过"公房私有化"使得住房福利的隐形不均等转化为财产分配的显性不均等（赵人伟，2007；贾康和孟艳，2011）。近年来，房价快速攀升是扩大中国城乡家庭财产积累差距的重要原因（陈彦斌和邱哲圣，2011；李实，2015；保永文和熊捍宏；2016）。一些研究表明预防性储蓄占家庭总储蓄的比重较高，且预防性储蓄动机是家庭进行储蓄抉择的重要原因（Skinner，1988；Caballero，1990，Choi et. al.，2017）。

因此，本书使用微观调查数据考察预防性储蓄和房价波动对中国家庭财产积累的影响及贡献度。本书主要侧重于探究以下五个问题：

一是中国家庭财产积累的数量效应和价格效应；二是预防性储蓄动机是否存在；三是预防性储蓄对中国家庭财产积累的影响及贡献度；四是房价波动对中国家庭储蓄率的影响；五是房价波动对中国家庭财产积累的影响及贡献度。

二 研究意义

（一）理论意义

国内关于收入和财产分配之间相互关系问题的研究较为局限，大多是从财产性收入的角度探究财产差距对收入差距的影响。很多学者都意识到收入不平等导致财产不平等，财产不平等又会进一步加剧收入不平等。但是，国内很少有学者系统性地探究中国家庭财产积累问题，本书将从预防性储蓄与房价波动两个方面作为切入点进行分析。收入通过储蓄转化为财产是很直观的论点，但很多学者忽视了储蓄对家庭财产积累的影响。一些研究表明预防性储蓄占家庭总储蓄的比重较高，且预防性储蓄动机是家庭进行储蓄抉择的重要原因。本书将从预防性储蓄动机的视角探究"数量效应"对中国家庭财产积累的作用影响，并量化预防性储蓄对家庭财产积累的贡献度。

然而，资本相对价格的变动也会影响家庭财产积累。考虑到住房占家庭财产的比重较高，且房价波动对家庭财产积累的影响较大。本书将从房价波动的视角探究"价格效应"对中国家庭财产积累的作用影响，并从"禀赋效应"和"回报效应"两个方面探究房价波动对家庭财产积累的贡献度。考虑到房价波动也可能会影响家庭储蓄决策，本书还从"财富效应"和"为购房而储蓄"的储蓄动机两方面探究房价波动对家庭储蓄率的影响。综上所述，本书从预防性储蓄与房价波动两个方面作为切入点探究中国家庭财产积累问题，不仅完善和丰富了中国家庭财富积累的研究，还有助于未来进一步探究中国家庭财产不平等问题。

（二）实践意义

21世纪以来，高储蓄率和高房价成为影响中国经济持续快速发展的两个重要因素。根据中国统计资料显示，自1978年以来，中国国民储蓄率始终保持在20%以上，并呈现出持续增长趋势。2007年由美国次级房屋信用危机所引发的流动性危机爆发后，2008年国际金融危机在全球范围内蔓延。中国国民储蓄率进一步攀升，尤其是2007—2011年间，储蓄率高达40%以上。随着政府救市政策不断落实，2012年以来国民储蓄率有所下降，但依然维持在36%以上的高储蓄水平。本书从预防性储蓄动机的视角探究中国高储蓄率背后的成因，为寻求跨越中等收入陷阱的实现路径提供研究支持。

高房价可能会导致经济结构失衡、财产不平等程度加剧，从而影响社会稳定。当社会资本过多流入房地产市场可能会产生以下两个严重的后果：一是房价泡沫将挤占产业资本投资，阻碍实体经济发展；二是房价居高不下使得大多数家庭不得不为买房而储蓄，内需不足将会导致社会经济活动缺乏活力。为了促进房地产市场健康平稳发展，防止房地产市场大起大落，中央政府多次采用宏观调控手段稳定房价并提出"房子是用来住的，不是用来炒的"概念。虽然这些宏观调控在短期内起到了明显作用，但是房价整体呈现出快速上涨趋势。本书将探讨房价与储蓄的关系，以及房价波动对家庭财产积累的影响，为促进房地产市场健康平稳发展，缩小中国城乡家庭贫富差距提供研究支持。

第二节　基本概念界定

一　收入的定义

国内外关于收入的定义有很多，国外大多采用税前收入的概念（Piketty and Saez，2003；Fisher et al.，2013），也有一些研究机构提出税后收入的概念。不同机构和学者对收入的定义存在差异，美国消费金融调查（Survey of Consumer Finances，SCF）关于收入的定义是指家庭税前总收入，包含工资性收入、经营性收入、财产性收入、应税免税额、政府转移性收入和私人转移性收入六类。Fisher等（2013）利用美国劳动统计局支出调查数据（Consumer Expenditure Survey，CES）提出MCI收入概念，即在SCF收入的基础上扣除财产性收入和债务，引入经营性收入、金融投资收益、退休金、自有住房估算租金、其他房产估算租金等投资收益。与 SCF 收入最大的区别在于这里采用净收入的概念，扣除债务并细化财产性收入，将房屋估算租金考虑在内。

Piketty 和 Saez（2003）提出市场收入即税前总收入，包含个人所得税和工资税，但不包括家庭所承担的企业所得税和工资税。税前总收入包含工资性收入、股份红利收入、利息收益、租金和经营性收入。由于资本利得（capital gains）是一项不稳定的收入，随股票价格的变化而变化，因此只关注利息收入，不考虑资本利得。美国国会预算处（Congressional Budget Office）提出税前收入和税后收入的概念，税前收入包括工资性收入、经营性收入、资本收益、资本收入、退休金等其他收入。而税后收入是在税前收入的基础上增加转移性收入，同时扣除税费后的总收入[1]。OECD 计算收入差距时的收入是扣除家庭成员支付的税收和社会保障后的家庭人均可支配收入，包括工资性收入、经营性收入、财产性收入和公共转移性收入[2]。

在研究中国家庭收入时，Khan 等（1992）分别对城镇家庭可支配收入和农村家庭可支配收入进行定义。城镇家庭可支配收入包括工资性收入、退休人员再就业收入、非就业人员收入、经营性收入、财产性收入、公共转移净收入、自有住房估算租金和私人转移等其他收入。农村家庭可支配收入包括工资性收入、非农经营性收入、农业经营性净收入、自产自销的农产品价值、财产性收入、自有住房估算租金、公共转移性净收入和其他收入。赵人伟和格里芬（1994）将自有住房估算租金计算在家庭可支配收入中，并指出家庭可支配收入包含五项：工资性收入、经营性净收入、财产性净收入、转移性净收入和自有住房估算租金。国家统计局根据城乡划分将收入定义为城镇居民

---

[1] Congressional Budget Office, "Trends in the Distribution of Household Income between 1979 and 2007", *Measuring Economic Sustainability & Progress*, Vol. 22, No. 1, October 2011, pp. 181-211.

[2] OECD Data, "Income Inequality", https：//data.oecd.org/inequality/income—inequality.htm.

家庭可支配收入和农村居民家庭纯收入,主要分为以下四类:工资性收入、经营性净收入、财产净收入、转移性净收入。

国内学者探究中国居民收入差距时,采用不同的收入口径进行分析。谢宇(2013)利用 CFPS 数据将家庭纯收入划分为工资性收入、经营性收入、转移性收入、财产性收入和其他收入五类。其中经营性收入中农业经营收入是包含自产自销部分扣除成本后的农业净收入。甘犁(2013)使用 CHFS 数据将家庭收入分为工资性收入、生产经营收入、投资性收入和转移性收入四类。李实等(2017)提出家庭可支配收入包含五部分:工资性收入、经营性净收入(农业经营净收入和非农经营净收入)、财产性收入、转移性净收入和自有住房估算租金。由于学者们对收入的定义不同,即便使用同一数据得到的收入差距也存在差异。比较各类收入标准并结合中国特殊的社会环境,本书更倾向于采用李实等(2017)定义的收入标准。

二 财产的定义

国际上,通常使用家庭净财产来衡量财产差距,大多数研究将家庭净财产划分为金融性财产、非金融性财产和债务三大类。不同机构对家庭财产的定义存在差异,美联署定义的非金融财产是指有形财产,仅包括房产和耐用消费品。SCF(家庭金融调查)中金融财产还包含人寿保险、养老金折现,非金融财产除了房产以外,还包括经营性资产、交通工具、珠宝、古董、艺术收藏品等[1]。卢森堡财富调查(LWS)将家庭净财产划分为金融财产、非金融财产、其他财产和债务四大类。非金融财产仅包含房产和经营性净财产。人寿保险、养老金折现、交通工具、珠宝、家电等耐用消费品被定义为其他财产[2]。OECD 采用家庭净财产来衡量财产差距,非金融财产中还包括专利、

---

[1] Bricker J., et al., "Changes in U. S. Family Finances from 2010 to 2013: Exidence from the Survey of Consumer Finaneses", Federal Reserve Bulletin, Vol. 100, No. 4 (September 2014). https://www.federalreserve.gov/pubs/bulletin/2014/pdf/scf14.pdf.

[2] Luxembourg Wealth Study Database, "Generic Codebook LWS Database", 2019. https://www.lisdatacenter.org/wp-content/uploads/files/data-lws_codebook.pdf.

知识产权等。金融财产中包含人寿保险和养老金①。

国内学者探究中国家庭财产差距时，采用不同的财产口径进行分析。中国国家统计局将家庭财产划分为金融财产、房产、耐用消费品现值和经营财产。甘犁等（2012）选择家庭总财产作为度量口径，并将财产划分为金融财产和非金融财产。这种划分忽略了负债也是财产的一部分。李实和万海远（2015）沿用国际惯例，使用家庭净财产并将其划分为金融财产、房产、经营性财产、耐用消费品价值、其他资产、土地和负债。靳永爱和谢宇（2015）认为土地资产不是农村居民特有，城镇中存在一类群体虽然在行政区划分上被划归为城镇居民，但实际从事农业劳动，因此城镇居民也应该计算土地资产。但是，由于这部分人群的比重很小也很难区分，本书更倾向于采用李实和万海远（2015）对家庭净财产的定义标准。

三 消费与储蓄的定义

家庭消费性支出是指家庭生活方面的支出，包括食品、服装、交通、通信、娱乐、教育、医疗以及其他支出（Skinner，1988；周绍杰，2010）。家庭总支出中的转移性支出、福利性支出和建房住房贷款支出具有较强的投资属性，不属于消费性支出（李超和罗润东，2018）。一些学者认为教育支出和医疗支出与家庭成员的年龄和健康状况有关，大额的教育和医疗支出具有偶然性，不属于日常性消费支出（李超和罗润东，2018）。因此，本书将使用消费性支出和日常性消费支出两种口径作为家庭消费的代理变量进行分析。

家庭储蓄等于家庭可支配收入减去家庭支出（Skinner，1988；周绍杰，2010；李超和罗润东，2018）。本书将给出两种度量口径下的家庭储蓄变量。一类是窄口径储蓄（消费性支出包含文教娱乐支出和医疗支出）即扣除消费性支出之后的家庭可支配收入，另一类是宽口径储蓄即扣除日常性消费支出之后的家庭可支配收入。结合 CFPS2010—2016 年调查问卷信息，消费性支出包含日用品支出、衣着

---

① OECD Data, "Household Net Worth", https://data.oecd.org/hha/household-net-worth.htm.

鞋帽支出、文教娱乐支出、食品支出、交通通信支出、居住支出以及医疗支出。日常性消费支出则不包括文教娱乐支出和医疗支出①。

四 收入不确定性的定义

关于收入不确定性的度量方法有很多，通常可分为客观度量指标和主观度量指标。

常见的客观度量指标如下：一是将职业作为收入不确定性的代理变量（Skinner，1988）考察不同职业群体的储蓄差异，但是由于职业自选择问题使得高风险职业群体的风险厌恶程度较低，其储蓄本身就低于其他群体，这可能会导致实证结果的偏误。Lugilde 等（2018）利用西班牙家庭财务调查和劳动力调查数据构建收入不确定性的综合指标。该指标结合了工作年限、工作类型（兼职/全职）、合同类型、雇主数量、公司规模和失业记录等信息。

二是将消费增长率的平方作为收入不确定性的代理变量（Dynan，1993）。国内大多数研究都是采用这种方法。Dynan（1993）认为追求效用最大化的理性消费者在预期到收入会发生某种变化时会采取措施来平滑消费，只有发生未预期到的收入变化或其他不确定事件时，消费才会发生变化，因此预期消费增长率的平方可用来衡量收入不确定性（易行健等，2008；周绍杰，2010；凌晨和张安全，2012；周博，2016）。这类研究对数据的要求较高，目前很难获得较长时期内连续追踪调查的微观数据。因此，国内研究大多采用宏观数据进行分析，避免了微观数据在时间维度上的缺点。但是，它忽视了个体异质性对家庭消费决策的影响。

三是将失业率作为收入不确定性的代理变量（Giavazzi and Michael，2012；Mody et al.，2012）。这类研究仅限于国外，这是因为国内失业率只有登记失业率数据。这个数据本身就存在偏误，且缺少分行业或人群的失业率信息，难以考察不同群体的收入不确定性对储蓄的影响变化。Lugilde 等（2018）根据微观调查数据分年龄和性别

---

① 娱乐支出属于日常性消费支出，但是在 CFPS 调查数据中无法将它与教育支出区分开来，因此只能全部剔除处理。

计算平均失业率，然后按照家庭主事者的年龄和性别特征赋予该家庭失业率。失业率对消费的影响随经济周期的变化而变化，当失业率较低时，收入不确定性对家庭消费没有影响。当失业率较高且持续上升时，收入不确定性对家庭储蓄有显著正向影响。但是，当采用固定效应模型控制时间因素的影响时，失业率对家庭消费的影响并不显著，这使人们怀疑该变量是否能充分度量收入不确定性。

四是将收入方差或残差项作为不确定性的代理变量（施建淮和朱海婷，2004；李燕桥和臧旭恒，2011；张安全和凌晨，2015；Mishra et al.，2012）。其中，收入方差大多用于面板数据，国内通常使用省际面板数据进行分析，通过计算样本在一段时期内收入与其算术平方数的离差平方和的平均值得到收入方差（施建淮和朱海婷，2004；李燕桥和臧旭恒，2011）。但这种方法会使得面板数据被压缩成截面数据，丧失面板数据特有的优势。收入残差项可直接用于截面数据，通常是根据与永久性收入测量相关的残差平方作为收入不确定性（Mishra et al.，2012）。这两种方法均没有考虑预期增长趋势的影响，张安全和凌晨（2015）先根据消费方程得到消费的残差项，然后计算包含该年在内的前3年残差的方差作为不确定性的代理变量。本书可以借鉴这种去趋势化的处理方式，保留面板数据中更多的个体信息，充分发挥面板数据的优势。

不同于客观度量指标，主观度量指标是直接基于调查问题而得。Guiso等（1992）根据1989年意大利家庭收入和资产调查问卷中收入不确定性的自我评估，即受访者回答接下来一年中有关收入和通货膨胀增长率的概率分布问题，从而得到收入不确定性的主观度量指标。Lugilde等（2018）利用西班牙家庭财务调查和劳动力调查数据得到收入不确定性的主观度量指标。该调查向受访者询问他们对未来收入的期望得到收入不确定性指标。但是，该调查问卷仅询问受访者是否相信未来收入比当前收入更高、更低或相等，而不是关于未来收入的概率分布。因此，只能生成一个虚拟变量，该变量作为收入不确定性指标具有局限性。

从直观上看，主观度量指标更能够反映受访者对收入不确定性的直接感受，但主观度量指标在实际调查中往往存在偏差。这是由于收入不确定性自我报告的度量值与受访者的教育程度有关，相对于受教育程度较低的家庭，受过高等教育的家庭能够更好地理解调查问题。尤其是 Guiso 等（1992）调查问卷中受访者需要给不同区间的收入赋予权重，如果受访者没有理解这一问题的含义，就会导致调查结果的偏误。这也能部分解释为什么采用客观度量指标的研究结果较为显著，而主观度量的收入不确定性对消费或储蓄的影响较小甚至不显著（Guiso et al.，1992；Lugilde et al.，2018）。

五 永久性收入的定义

关于永久性收入的度量方法可以分为以下两类：现有研究中关于永久性收入的度量大多是根据人力资本理论的收入函数估算得到（Guiso et al.，1992；Wang，1995；Lusardi，2000；Mishra et al.，2012；杨天宇和荣雨菲，2015），包含家庭主事者的个人信息、家庭规模以及劳动人数等相关变量，将与永久性收入测量相关的残差项作为收入不确定性的代理变量。这类研究大多是基于截面数据进行分析，并没有考虑单个样本跨期内的永久性收入变化。Fuchs-Schundeln 和 Matthias（2005）使用 1992—2000 年德国社会经济面板（German Socio-Economic Panel）构造一个去趋势化的永久性收入，具体操作如下：首先，计算每一年每个家庭非财产性收入占家庭总收入的比重。其次，计算 1992—2000 年该比重的均值。最后，用该平均值与每个调查年度内的家庭收入相乘得到永久性收入。这种方法计算的永久性收入剔除掉了收入持续上涨的趋势，并且每一年的永久性收入取值随当年收入的变化而变化，这种处理方法可以用于面板数据的研究。本书将使用收入函数回归方法估算家庭的永久性收入和收入不确定性指标。

第三节 研究设计

一 研究目标

本书研究目标如下：

（1）从宏观层面分析中国家庭财产积累现状及路径，并探究中国高储蓄率和高房价形成的原因。通过将中国家庭财产积累分解为数量效应（储蓄）和价格效应（资本损益），从而将储蓄和资本相对价格与家庭财产积累联系起来。并根据重大事件节点划分时间段探究不同阶段家庭财产积累的数量效应和价格效应差异，进而指出预防性储蓄和房价波动对家庭财产积累的重要性。

（2）从微观层面探究预防性储蓄动机是否存在。通过理论模型推导出家庭效用最大化储蓄，并将家庭储蓄分为确定性收入下的储蓄和不确定性收入下的储蓄（预防性储蓄）两部分。使用微观调查数据探究中国城乡家庭储蓄行为中是否存在预防性储蓄动机，以及预防性储蓄动机的形成机制。

（3）进一步分析预防性储蓄对家庭财产积累的影响及贡献度。通过理论模型推导收入不确定性对家庭财富积累的贡献度，使用微观调查数据考察预防性储蓄对家庭财富积累的影响，并结合中国实际情况对模型中的参数进行赋值，考察不同决策期下的预防性储蓄对家庭财富积累的贡献度。

（4）还从微观层面探究房价波动对家庭储蓄率的影响。通过控制收入不确定性因素，使用微观调查数据从"财富效应"和"为购房而储蓄"的储蓄动机两个方面分析房价波动对家庭储蓄的影响，并从多个维度探究房价波动对家庭储蓄的作用机制。

（5）进一步分析房价波动对家庭财产积累的影响及贡献度。通过引入房价与房产类型交叉项探究房价波动对不同类型房产家庭财产积累的影响差异，并将房价波动对家庭财产积累的影响分解为禀赋效应和回报效应进行分析。还从生命周期、房产类型和财产水平等维度探究房价波动对家庭财产积累的影响及贡献度差异。

二 研究思路

基于本书的研究目标，具体研究思路如下：

（1）基于中国国家资产负债表对中国家庭财产积累现状及路径进行分析，并探究中国高储蓄率和高房价形成的原因。使用 Piketty 和 Zucman（2014）所提出的分解方法，通过将中国家庭财产积累分解为数量效应（储蓄）和价格效应（资本损益），从而将储蓄和资本相对价格与家庭财产积累联系起来。利用1993—2015年WID数据分析中国家庭财产积累的数量效应和价格效应差异，并根据重大事件节点划分时间段探究不同阶段家庭财产积累的数量效应和价格效应差异。

（2）基于Caballero（1990）的理论模型，以家庭为单位考察一个无限生命期的家庭决策者，为实现家庭效用最大化对每一期的家庭消费—储蓄进行抉择，最终推导出家庭最大化储蓄。利用2010—2016年CFPS面板数据实证探究预防性储蓄动机是否存在。为了进一步确保结论的有效性，采用不同收入口径以及去趋势化处理方法重估永久性收入和收入不确定性指标，还比较各分项收入的不确定性对家庭储蓄的影响差异。除此之外，还从收入、储蓄以及年龄等方面探究预防性储蓄动机的形成机制。

（3）基于Caballero（1990）的理论模型，并结合雷震和张安全（2013）研究假说构造消费者最优消费模型，从数理推导上得出收入不确定性对家庭财富积累的贡献度。利用2010—2016年CFPS面板数据探究收入不确定性对城乡家庭净资产的影响。为避免个体差异所产生的内生性问题，本书还分别采用随机效应和固定效应模型进行分析。为进一步确保结论的有效性，本书还使用工具变量法、分位数回归和分项资产回归进行检验。结合中国的客观现实对数理模型中的参数进行赋值，并结合Dynan（1993）的研究方法估算城乡家庭相对谨慎系数，考察不同决策期下的预防性储蓄对家庭财富积累的贡献度。

（4）通过引入收入不确定性因素，使用2010—2016年CFPS面板数据从"财富效应"和"为购房而储蓄"的储蓄动机两方面探究房价波动对中国城乡家庭储蓄率的影响。为避免个体差异所产生的内生性问题，本书还分别采用随机效应和固定效应模型进行分析。结果证实房价波动对城乡家庭储蓄率的影响来自两个方面：一方面是房价水平的影响，另一方面是预期房价增长率的影响。为了检验结果的稳健性，进一步考察不同估算口径下的储蓄率和房价指标对估计结果的影响，还引入房价与人均住房面积交叉项检验房价对家庭储蓄的影响。另外，本书还从生命周期各阶段、储蓄率水平、收入水平、房产水平和房产类型等方面考察房价波动对家庭储蓄率的作用机制。

（5）使用2010—2016年CFPS面板数据探究房价波动对中国城乡家庭财产积累的影响，并采用OB分解将房价波动对家庭财产积累的影响分解为禀赋效应和回报效应。考虑到不同家庭房产属性差异对家庭财产积累的影响，本书根据房产个数将家庭划分为无房家庭、一套房家庭和多套房家庭，并引入房价与家庭类型的交叉项进行分析。房价波动对多套房家庭财产积累的影响大于无房家庭和一套房家庭，房价上涨会进一步扩大有房家庭与无房家庭的财产积累差距。为避免个体差异及时间变化所产生的内生性问题，本书还分别采用固定效应和随机效应模型进行稳健性检验。本书还从生命周期各阶段、家庭财产水平和房产类型等方面考察房价波动对家庭财产积累的作用影响。另外，本书还对2010—2016年家庭财产积累进行分解，从禀赋效应和回报效应两个方面探究房价波动对家庭财产积累的贡献度。

三 研究方法

本书采用定性与定量分析相结合、并以定量为主的研究方法。在进行理论分析提出研究问题时采用定性分析，定量研究方法则主要是用于统计分析和回归分析。通过大量阅读文献，对学术界已有文献进行归纳总结，在有效利用前人研究成果的基础上进行模型改进，完善实证分析，力争得到科学可信，并对实践有一定指导意义的研究成果。采用多种计量研究方法进行研究，除了用基本的OLS模型、随机效应模型、固定效应模型和分位数回归法之外，还采用工具变量法解决内生性问题。另外，还使用OB分解法对2010—2016年家庭财产积累进行分解。具体研究方法如下：

（1）第三章基于中国国家资产负债表对中国家庭财产积累现状及路径进行分析，并分析中国高储蓄率和高房价形成的原因。然后，采用国家统计局相关数据探究房价变化对家庭财产积累的影响。最后使用Piketty和Zucman（2014）提出的财富分解方法，将中国家庭财产积累分解为数量效应（储蓄）和价格效应（资本相对价格），并根据重大事件节点划分时间段进行分析，从而提出预防性储蓄和房价波动对家庭财产积累的重要性。

（2）第四章基于 Caballero（1990）的理论模型将储蓄分为两部分，即收入确定性下的储蓄（永久性收入下的储蓄）和收入不确定性下的储蓄（预防性储蓄）。使用 2010—2016 年 CFPS 数据采用 OLS 模型、随机效应模型和固定效应模型探究收入不确定性对家庭储蓄的影响，考虑到不同家庭收入增长的异质性问题，本书参照 Fuchs-Schundeln 和 Matthias（2005）的方法对永久性收入进行去趋势化处理。

（3）第五章基于 Caballero（1990）的理论模型，结合雷震和张安全（2013）研究假说构造消费者最优消费模型，从数理推导上得出收入不确定性对家庭财产积累的贡献度。使用 2010—2016 年 CFPS 数据采用 OLS 模型、随机效应模型和固定效应模型探究收入不确定性对家庭财产积累的影响。考虑到不同职业的风险差异可能产生的内生性问题，这里将使用主事者职业作为收入不确定性的工具变量进行检验。根据中国的客观现实对参数 T 和 t_0 进行赋值，并结合 Dynan（1993）的研究方法使用 CFPS2010—2016 年面板数据估算城乡家庭相对谨慎系数 θ。考察不同决策期 T 下的预防性储蓄对家庭财富积累的贡献度。

（4）第六章使用 2010—2016 年 CFPS 数据采用 OLS 模型、随机效应模型和固定效应模型探究房价波动对家庭储蓄率的影响。为避免内生性对结果的影响，本书还使用村居平均房价作为自估房价的工具变量进行检验。另外，还使用分位数回归法探究不同储蓄分位点下房价波动对家庭储蓄的影响。

（5）第七章使用 2010—2016 年 CFPS 数据采用 OLS 模型、随机效应模型和固定效应模型探究房价波动对家庭财产积累的影响。使用分位数回归法探究不同财产分位点下房价对家庭财产积累的影响。另外，还采用 OB 分解将房价波动对家庭财产积累的影响分解为禀赋效应和回报效应，从而探究 2010—2016 年房价波动对家庭财产积累的贡献度。

四　数据来源与分析单位

本书数据主要来自中国家庭追踪调查（China Family Panel Studies，CFPS）、世界财富与收入数据库（World Inequality Database，

WID)、中国国家资产负债表和国家统计局发布的《中国统计年鉴》等统计资料。结合中国的文化背景，家庭通常才是经济活动的最小单位，居民消费行为大多以家庭为单位进行，家庭消费具有消费品共同使用、消费支出统一安排的特征。因此，本书将以家庭为单位构造理论模型并对此进行实证分析。中国家庭追踪调查（CFPS）数据是一项全国性、综合性的社会跟踪调查数据，旨在通过跟踪收集个体、家庭、社区三个层面的数据，反映中国社会、经济、人口、教育和健康的变迁。2010年CFPS在全国25个省份正式实施基线调查；随后每两年进行一次追踪调查，现已有2012年、2014年、2016年和2018年追踪数据。

CFPS2010年样本覆盖中国除香港、澳门、台湾、新疆、青海、内蒙古、宁夏和海南之外的25个省份的人口。这25个省份的人口约占全国总人口的（不含港、澳、台）的95%，CFPS抽样采用了内隐分层、多阶段、多层次、与人口规模成比例的概率抽样方式。2010年家户样本有14960户，2012年追踪到12724户家庭，追踪率为85.05%。2014年追踪到12435户，追踪率为83.12%。2016年追踪到11828户，追踪率为79.06%。2018年追踪到11369户，追踪率为76.00%。2010—2018年均参与该调查的家庭占2010年家户样本的64.69%。考虑到追踪年限越长，样本追踪率越低，且2018年家庭收入调查问卷信息与前四年有所变化，本书仅选取2010—2016年CFPS数据进行分析。2010—2016年均参与该项调查的家庭占2010年家户样本的70.52%。因此，无论是从抽样方法还是样本量以及追踪率来看，CFPS的样本可以视为一个全国代表性样本。

世界财富与收入数据库（WID）是一个致力于提供各个国家收入与财富分布变化的大型数据库。世界财富与收入数据库的原型是于2011年1月建立的世界高收入数据库（WTID）。2015年12月，世界高收入数据库WTID被并入了世界财富与收入数据库WID。由于本书所使用的各类调查数据均包含多个年份，为了消除通货膨胀对家庭消费决策的影响，只要涉及与资金相关的变量均根据《中国统计年鉴》

中的物价指数（CPI 指数）进行调整①。考虑到 CFPS 数据仅为 2010—2016 年，为了更好地探究中国家庭财产积累的长期演变过程，本书还使用中国国家资产负债表和国家统计局相关数据进行分析。

第四节 研究框架

本书分为八章，逻辑框架如图 1-1 所示。具体内容如下：

第一章是导论。从研究的现实背景和意义出发，对本书的核心概念进行界定，阐述了研究目的，介绍了研究思路、研究方法、数据来源和本书框架。

第二章是文献综述。梳理和简要评述了国内外有关财富积累、预防性储蓄行为、预防性储蓄与财富积累、储蓄与房价波动、房价变化与财富积累的相关研究，进一步明确了本书的方向和意义。

第三章是中国家庭财产积累的数量效应和价格效应。首先，基于中国国家资产负债表对中国家庭财产积累现状及路径进行分析，并探究中国高储蓄率和高房价形成的原因。其次，基于国家统计局相关数据探究房价变化对家庭财产积累的影响。最后，使用 WID 数据采用 Piketty 和 Zucman（2014）提出的财富分解法将中国家庭财产积累分解为数量效应（储蓄）和价格效应（资本损益），从而将储蓄和资本相对价格与家庭财产积累联系起来，进而指出预防性储蓄和房价波动对家庭财产积累的重要性。

第四章是中国城乡家庭预防性储蓄行为研究：理论与实证。根据理论模型推导出家庭效用最大化储蓄，并将家庭储蓄分为确定性收入下的储蓄和不确定性收入下的储蓄（预防性储蓄）两部分。使用 2010—2016 年 CFPS 数据探究永久性收入和收入不确定性对家庭储蓄

---

① CFPS 数据中有关收入和消费的数据是调查前一年的情况，财产相关数据是调查当年的情况。CFPS2010—2016 年收入和消费数据以 2009 年为基期，除以定基消费价格指数得到对应的实际值。CFPS2010—2016 年财产以及房价数据以 2010 年为基期，除以定基消费价格指数得到对应的实际值。

的影响，进而分析预防性储蓄动机的存在性。

第五章是预防性储蓄与财富积累：基于微观数据的分析。采用2010—2016年CFPS数据探究永久性收入和收入不确定性对城乡家庭净资产的影响。另外，还基于Caballero（1990）的理论模型从数理推导上得出收入不确定性对家庭财富积累的贡献度，通过对参数进行赋值量化分析预防性储蓄对中国家庭财富积累的贡献度。

第六章是房价波动对城乡家庭储蓄率影响：基于微观数据的分析。首先，根据《中国统计年鉴》数据分析房产改革以来中国房价与储蓄率的变化趋势，发现房价变动与储蓄率之间存在正向相关性。其次，使用2010—2016年CFPS数据从"财富效应"和"为购房而储蓄"的储蓄动机两方面探究房价波动对中国城乡家庭储蓄率的影响。最后，从多个维度探究房价对储蓄率的作用影响。

```
┌─────────────────────────────────────────────────────┐
│         第一、第二章 导论、文献综述                     │
├─────────────────────────────────────────────────────┤
│   第三章 中国家庭财产积累的数量效应和价格效应            │
│   核心问题：家庭如何进行财富积累？                      │
├──────────数量效应──────────价格效应──────────────────┤
│ ┌─────────────────────┐   ┌─────────────────────┐  │
│ │第四章 中国城乡家庭预  │引入│第六章 房价波动对中国 │  │
│ │防性储蓄行为研究：    │房价│城乡家庭储蓄率的影响  │  │
│ │理论与实证           │───→│核心问题：房价如何影响│  │
│ │核心问题：预防性储蓄  │   │家庭储蓄决策？        │  │
│ │动机是否存在？       │   │                     │  │
│ └─────────────────────┘   └─────────────────────┘  │
│ ┌─────────────────────┐   ┌─────────────────────┐  │
│ │第五章 预防性储蓄与财 │   │第七章 房价波动对家庭 │  │
│ │富积累：基于微观数据  │   │财产积累的影响及机制   │  │
│ │的分析               │   │分析                  │  │
│ │核心问题：预防性储蓄  │   │核心问题：房价如何影响│  │
│ │对家庭财产积累的贡献  │   │家庭财产积累？        │  │
│ │度有多高？           │   │                     │  │
│ └─────────────────────┘   └─────────────────────┘  │
├─────────────────────────────────────────────────────┤
│         第八章 结论与政策建议                          │
│              创新与不足                               │
└─────────────────────────────────────────────────────┘
```

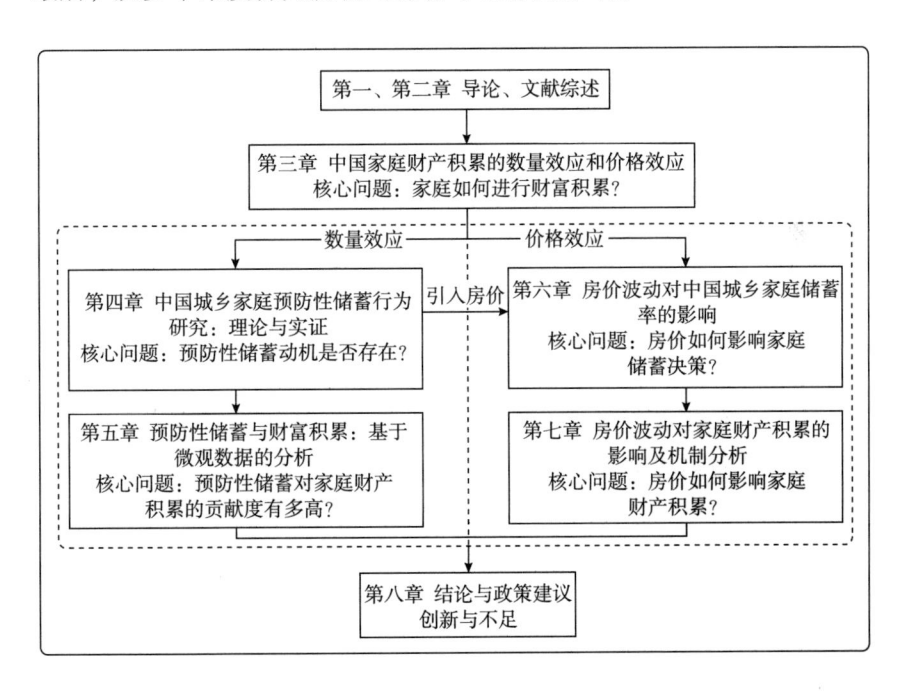

图1-1 逻辑框架

第七章是房价波动对家庭财产积累的影响及机制分析。采用OB分解将房价波动对家庭财富积累的影响划分为禀赋效应和回报效应。

还从生命周期各阶段、家庭财产水平和房产类型三个方面考察房价对家庭财产积累的作用影响。另外，本书还对2010—2016年家庭财产积累进行分解，从禀赋效应和回报效应两方面考察房价波动对家庭财产积累的影响。

第八章结论与政策建议。根据研究结论提出政策建议，并概括本书的创新与不足之处。

第二章

文献综述

第一节 财富积累的相关研究

皮凯蒂最早在《21世纪资本论》一书中提出使用财产收入比（财富收入比）来衡量财产规模及其在收入分配中的相对重要性。财产收入比上升意味着财富差距上升，当财产收入比过高则意味着财富差距极端悬殊。Piketty（2014）指出财产或财富的集中度远高于收入的集中度，也就是说财产差距远大于收入差距。Piketty（2014）认为财富积累存在自我强化的现象，与拥有少量财富的人相比，富人的财富积累速度更快。

一 财富数据来源的研究

财产（财富）是一个存量的概念，是指一个经济体在某一时间点上用于生产的财富总量。而收入则是一个流量的概念，是指一个经济体在一段时间内（通常为一年）所产生的收入总额。假设某一经济体在某一时间点上财富总量为100，而当年收入总额为20，那么此时财产收入比（财富收入比）为5，也就是说，该国财产总量（财富总量）相当于5年的收入总额。财产（财富）积累主要来自两个方面：一方面是收入通过储蓄转化为财产；另一方面是资本相对价格的变动导致现有财产价值的变化。考虑到国民账户主要提供流量数据，而不是存量数据。虽然拥有大量有关产出、收入和消费流量的历史数据，但有关资产和负债的数据有限，通常是通过累计过去的储蓄和投资来获得财产存量的估计值。近年来，一些发达国家统计机构开始发布追溯性的资产负债表，包含每个经济部门（家庭、政府和公司）的非金融财产、金融财产和负债等相关数据。

基于国民核算框架下的财富研究是一个相对较新的领域，1993年联合国国民账户体系（SNA）首先引入了一套国际准则，通过各部门资产负债表的相关数据来估算国民财富。此后，大多数发达国家和一些发展中国家统计部门开始引用这套财富估算方法。各国相关进展仍然不平衡，有些国家提供了长期且完整的国民资产负债表，而有些国家仅提供了部分成果。近年来，一些学者关注到财富的研究，Davies等（2011）使用部门资产负债表和微观调查数据估算了2000年39个国家的家庭财富。随后Davies和Shorrocks作为瑞士信贷所代表编撰《全球财富报告》，并将该系列报告数据延伸至2000—2019年。财富研究的另一个主要推动力来自皮凯蒂和祖克曼，Piketty和Zucman（2014）整理了一套以国民账户体系（SNA）为准则的有关财富和收入的宏观数据。世界财富与收入数据库（WID）包含了Piketty和Zucman（2014）最先提出的财富收入比，该数据库提供了各国有关财富、储蓄和投资结构等大量信息。不仅涵盖包括美国、法国、中国、印度等20多个国家分布式国民收入（DINA）序列，同时还提供了美国、法国、中国、西班牙、英国和俄罗斯等国有关财富分配的时间序列，这就为本书提供了数据支持。

二 各国财富收入比变化的研究

Piketty和Zucman（2014）选取1970—2010年全球经济排名前八的发达国家（美国、日本、德国、法国、英国、意大利、加拿大和澳大利亚）进行分析，通过各国资产负债表数据探究财富收入比的变化情况。发达国家财富收入比不断提高，由1970年的200%—300%上升至2010年的400%—600%。另外，Piketty和Zucman（2014）将财富积累分解为数量效应（储蓄）和价格效应（资本损益）。资本价格的长期上涨以及生产率和人口增长放缓可以解释发达国家财富收入比呈"U"形变化的原因。资本价格的长期波动主要受20世纪资本政策变化的影响。第一次世界大战之前，欧洲资本市场不受限制。随后出现许多反资本政策，使得资本价格持续下降一直持续到1970年。这些政策从1980年开始逐步取消，使得资本价格再次回升。

随后，有一些学者开始采用Piketty和Zucman（2014）提出的财富收入比探究各国财富积累的变化趋势。Piketty和Zucman（2014）主要分析大型经济体财富收入比的变化趋势，并构建大型经济体的财富收入模式。Daniel（2016）使用1810—2014年瑞典国民财富数据探讨大型经济体的财富收入模式是否适用于小型、欠发达经济体。工业化时期瑞典国民财富水平远低于欧洲其他国家，这主要是由于瑞典国民收入和储蓄水平过低所致。20世纪，瑞典国民财富水平与欧洲其他地区相似，但是国民财富结构却存在差异。与Piketty和Zucman（2014）对于大型经济体财富收入模式的研究不同，由于瑞典政府财富占比不断提高，初始经济和政治制度对瑞典国民财富积累的影响更为重要。

三 各国财富积累分解的研究

Kumar（2019）探究1860—2012年印度国民财富收入比变化规律，国民财富收入比在20世纪发生大幅度波动。从长期来看，1939—2012年印度国民财富收入比呈"U"形变化，这可以用20世纪中叶资本价格增速放缓以及土地回报率下降来解释。数量效应（储蓄）可以部分解释1960—2012年印度国民财富积累，但是价格效应始终是财富积累的主要原因。尽管发达国家和新兴国家国民财富结构存在较大差异，但1980年以来各国财富收入比不断上升。这表明1980年以来大多数大型经济体国民财富收入比的长期增长与发展阶段无关。Nikolaos（2018）使用1974—2013年希腊国民财富和收入数据探究财富收入比的变化趋势，与欧洲国家类似，希腊国民财富收入比率从1970年的280%上升到2000年的500%。1974—1996年储蓄引致的财富增长抵消了资本损失，1997—2007年数量效应（储蓄）逐渐下降，价格效应是国民财富积累的主要原因。

有一些学者采用Piketty和Zucman（2014）提出的财富积累分解方法，比较不同国家财富积累的数量效应和价格效应差异。Miguel等

（2018）通过重建1900—2014年西班牙国民财富数据库，将财富积累分解为数量效应（储蓄）和价格效应（资本损益）。西班牙国民财富收入比大多维持在400%—500%，直至21世纪初房地产繁荣导致2007年财富收入比高达800%，这主要是由于西班牙巨大的房地产泡沫所致。不同于其他发达国家，西班牙国民财富收入比呈"J"形变化，这种"J"形变化主要是由公有财富变化所致，私有财富收入比更接近"U"形变化趋势。1950年以来西班牙国民财富积累主要源于资本相对价格的持续增长。其中，住房是最重要的推动力，1950—2010年住房占资本总收益的85%。

关于中国国民财富积累研究的文献较少，目前只有杨利和皮凯蒂以及祖克曼对这一问题进行分析。Piketty等（2019）综合国民经济核算数据、调查数据与税收数据探究1978—2015年中国国民财富积累变化趋势。1978—2015年中国国民财富收入比由350%上涨至700%，私有财富占国民财富的比重由30%上涨至70%。Piketty等（2019）将1978—2015年中国国民财富积累分解为数量效应（储蓄）和价格效应（资本损益），储蓄可以解释1978年以来国民财富积累的50%—60%，而资本相对价格的增长则可以解释剩余的40%—50%。但是，Piketty等（2019）并没有对国民财富进行细分。本书将在Piketty和Zucman（2014）及Piketty等（2019）的研究基础上，进一步分析中国家庭财产积累的数量效应和价格效应差异，从而探究影响中国家庭财产积累的关键因素。

第二节 国外预防性储蓄研究

近年来，关于预防性储蓄问题的研究已有很大进展。现有文献关于预防性储蓄的研究可以分为以下三类：第一类是关于预防性储蓄动机存在性的理论研究，这类研究大多是根据数理模型推导得出预防性储蓄动机的存在条件及其均衡路径；第二类是关于预防性储蓄动机存在性的经验研究；第三类是关于预防性储蓄重要性的研究，即预防性储蓄在多大程度上可以解释家庭储蓄或财富积累。国外对于预防性储蓄问题的研究大多采用特殊形式的效用函数，推导出收入不确定性下的跨期最优消费和储蓄路径，进而估算出预防性储蓄占财富积累的比例。大量研究都表明了预防性储蓄是储蓄的重要动机，但是这种动机是否会带来更多的财富仍然存在争议。

一 预防性储蓄的理论研究

传统的生命周期—永久收入模型一直是储蓄研究的主要理论框架。该模型强调在理性预期的假设下，个体从跨期效用最大化原则出发，平滑整个生命周期内的消费。但是，人们生活随时会受到各种经济冲击的影响，从而充满了不确定性。学者们将传统模型进一步拓展，引入不确定性因素对消费和储蓄的影响。考虑到未来收入不确定性而产生的额外储蓄，被称为预防性储蓄。预防性储蓄理论强调储蓄不仅可以分配整个生命周期的资源，还可以避免受到不确定性事件的影响。有两种不确定性会影响最优储蓄：一是关于劳动收入的不确定性；二是资本投资收益的不确定性（通常被称为利率风险或资本风险）。

20世纪60年代末，Leland（1986）最先提出预防性储蓄理论，通过构建一个简单的两期模型探究收入不确定性对消费和储蓄的影响，并将预防性储蓄定义为"由于未来收入不确定性而产生的额外储蓄"。随后，Zeldes（1989）和 Caballero（1990）将预防性储蓄理论中的两期模型扩展到多期模型。Zeldes（1989）通过动态规划模型测量了收入不确定性对边际消费倾向的影响，并指出预防性储蓄模型有助于解释消费对暂时性收入的过度敏感以及老年人的高储蓄率问题。Caballero（1990）将预防性储蓄理论中的两期模型拓展到无限生命期，同样得到预防性储蓄能够解释许多令人困惑的消费难题。

近些年来，预防性储蓄理论的学术前沿不断向前推进，其中一个是将经典文献中关于风险的来源从一种拓展至多种。Skinner（1988）指出利率（资本回报率）风险也会影响消费者的消费决策，基于生命周期模型考虑利率和收入风险，并推导出一个明确的不确定性溢价。利率（资本回报率）风险对储蓄会有两个方面的影响：一方面，资本回报率的不确定性使得理性人降低储蓄，即存在"替代效应"；另一方面，为了保证生活的最低标准，理性人将通过增加储蓄来应对不确定性，即存在"收入效应"。Skinner（1988）通过数值模拟发现，利率风险对预防性储蓄的影响较小，预防性储蓄主要取决于收入风险。由于不同职业所面临的收入风险程度不同，那些处于高风险职业的群体其储蓄率更高。

不同于 Skinner（1988）的研究，Li（2012）认为收入风险与利率风险之间存在相关性，并假设收入风险与利率风险呈正相关，即高收入风险往往伴随着高利率风险。如果消费者是谨慎消费，当相对谨慎程度大于 2 时，资本回报率（利率）的不确定对储蓄有正向影响。由于收入风险和利率风险呈正相关，这两种不确定性会导致预防性储蓄进一步上升。与 Li（2012）的研究不同，Baiardi 等（2014）不再假定收入风险与利率风险呈正相关，而是引入一个非金融风险，考察代理人在面临收入、利率和非金融风险时的储蓄决策，并根据这三类风险的相关性分别推导该模型框架下预防性储蓄为正的充要条件。

二 预防性储蓄的实证研究

Skinner（1988）使用 1972—1973 年美国消费者支出调查数据（Consumer Expenditure Survey）对户主年龄为 20—50 岁的家庭样本进行分析，引入职业虚拟变量对不同风险类别的家庭进行分类。结果与理论预期不同，那些从事传统高风险行业（例如销售和自营职业）的家庭储蓄率远低于平均水平。这些结果可能存在职业自选择偏差，即从事高风险职业的群体其风险厌恶程度较低，其储蓄率本身就低于其他群体。关于预防性储蓄的实证研究往往面临一个基本问题：如何度量主观收入不确定性。由于这一变量是不可观测的，理论研究大多依赖于数值模拟（Skinner，1988；Zeldes，1989；Caballero，1990），但是，模拟并不能验证人们是否会像理论模型预测的那样对风险做出反应。随后，一些研究采用问卷调查方式得到居民收入不确定性的主观度量值（Guiso 等，1992）。

Guiso 等（1992）使用 1989 年意大利家庭收入和资产调查（Italian Survey of Household Income and Wealth）数据对预防性储蓄问题进行分析，该数据包含有关未来收入和通货膨胀不确定性的自我报告，即采访之后一年中有关收入和通货膨胀增长率的概率分布问题。考虑到老年家庭可能会花费已经积累的预防性储蓄，排除户主年龄在65岁以上家庭样本进行分析。主观收入不确定性在一定程度上影响了消费水平，但是相对于永久性收入对消费的影响，收入不确定性对消费的影响较小。这是因为家庭可以通过代际转移或内部转移提供收入保障。由于家庭代际转移的影响较难检验，Guiso等（1992）通过将样本限制在单一劳动者的家庭来验证内部转移是否会降低不确定性对消费的影响。结果发现，仅拥有一个劳动者家庭的收入不确定性对家庭消费的影响大于有多个劳动者的家庭。

预防性储蓄理论具有重要的研究意义，但是上述文献并没有分析预防性储蓄是否是影响消费者储蓄行为的重要因素。Dynan（1993）利用1985年美国消费者支出调查（Consumer Expenditure Survey）数据提出一种简单的检验方法，该方法不仅能验证预防性储蓄的存在性，还能对效用函数中反映预防性储蓄强度的参数（相对谨慎系数）进行估计。不同于以往大多数文献使用收入的变异性作为风险的度量标准，Dynan（1993）采用消费的变异性衡量风险程度。他认为追求效用最大化的理性消费者在预期到收入将发生某种变化时会采取措施来平滑消费，只有发生未预期到的收入变化或其他不确定性事件时，消费才会发生变化，因此可以使用预期消费增长率的平方度量风险程度。

国外大多数文献从家庭和个人层面探讨预防性储蓄的重要性，少有文献从国家层面进行分析。Mody等（2012）使用1980—2010年27个发达国家非平衡面板数据分析收入不确定性对储蓄率的影响，并测度收入不确定性对储蓄率增长的贡献度。通过使用失业率和人均GDP增长率作为收入不确定性的度量指标，将股市波动作为投资风险的度量指标，探究收入不确定性和投资风险对储蓄率的影响。2007—2009年收入不确定性可以至少解释储蓄率增长的40%，而投资风险对储蓄率的影响并不显著。考虑到家庭财产水平也会影响消费者储蓄决策，Mody等（2012）研究发现家庭金融净财产与储蓄率呈负相关，家庭净财产越高其储蓄率越低。

虽然基于宏观数据度量收入不确定性具有多个优点，但是没有考虑到家庭收入风险的异质性影响。微观家庭调查数据包含大量个体和家庭特征信息，更适合用来分析消费者储蓄行为。Lugilde等（2018）使用2008年和2011年西班牙家庭财务调查（Survey of Household Finances，EFF）数据探讨大萧条前后家庭消费—储蓄决策变化，采用多种收入不确定性的度量指标分析收入不确定性对家庭消费的影响。主观不确定性对家庭消费的影响并不显著，不能提供预防性储蓄动机存在的证据。不同于以往研究，客观度量指标中，收入不确定性是一个综合性指标，包含工作类型、工作年限、合同类型、企业规模、雇用人数和失业经历六个方面。收入不确定性对家庭消费有显著的负向影响，从而证实了预防性储蓄的存在性。

三 预防性储蓄自选择问题的研究

预防性储蓄的实证研究通常会面临一个内生性问题，即存在职业自选择问题的情况下，未观测到的个体风险厌恶程度可能导致结果偏差。风险厌恶程度越高的个体，收入不确定性对储蓄的影响越大。但是，风险厌恶程度较高的个体往往会选择收入风险较低的职业，而风险厌恶程度较低的个体可能会选择收入风险较高的职业。如果没有控制风险规避类型，可能会低估预防性储蓄的重要性（Fuchs-Schundeln and Schundeln，2005；Nikolaus，2008）。

Fuchs-Schundeln和Schundeln（2005）将德国公务员制度的特殊性与两德统一事件结合起来，使用1998—2000年德国社会经济面板（German Socio-Economic Panel，GSOEP）数据对风险厌恶者进入低风险职业的自选择问题进行研究，并量化分析由于风险规避差异而进行职业自选择对预防性储蓄的影响。在德国，失业率成为劳动收入的一个重要风险。1990年德国统一事件是外生性的收入风险，德国公务员的收入风险远低于其他职业。即使不控制未观测到的风险厌恶偏好，预防性储蓄占家庭总财产的比重较高，两德统一前后预防性储蓄占家庭总财产的比重由22%下降到13%。考虑职业自选择问题的影响后，预防性储蓄占家庭总财产的比重下降了42%。

Nikolaus（2008）同样使用德国社会经济面板（German Socio-Economic Panel，GSOEP）数据对预防性储蓄进行研究，结论基本与 Fuchs-Schundeln 和 Schundeln（2005）一致，预防性储蓄对家庭财富积累的影响较大。考虑职业自选择的影响后，预防性储蓄占家庭金融净财产的 20%，与金融净财产不同，房产并不能有效抵御收入不确定性，其原因是住房在德国缺乏流动性。Giavazzi 和 Michael（2012）使用 1995—2000 年德国社会经济面板（German Socio-Economic Panel，GSOEP）数据控制个体异质性的影响，随着 1998 年德国大选前夕政治不确定性的增加，家庭储蓄随收入不确定性的提高而显著上升。家庭可以通过减少消费或增加劳动力来增加储蓄，随着未来收入不确定性增加，劳动者倾向于选择工作弹性更大的兼职工作。

四 预防性储蓄对财富积累的研究

大量研究表明预防性储蓄是储蓄的重要动机，但是，预防性储蓄是否会带来更多的财富存在争议。Skinner（1988）和 Caballero（1990）通过数值模拟分析发现，预防性储蓄对财富积累非常重要，预防性储蓄动机可以解释整个生命周期财富积累的一半以上。但是，来自微观数据的经验证据却有不同的结论。

一些研究表明，预防性储蓄占家庭财富积累的比重较高。Fuchs-Schundeln 和 Schundeln（2005）使用 1998—2000 年德国社会经济面板（German Socio-Economic Panel，GSOEP）数据分析发现，即使不控制未观测到的风险厌恶偏好，预防性储蓄占家庭财产的比重也不低。Nikolaus（2008）同样使用德国社会经济面板（German Socio-Economic Panel，GSOEP）数据对预防性储蓄重要性进行研究，预防性储蓄占家庭金融性净财产的 20%。Mishra 等（2012）使用 2005—2006 年美国农业资源管理研究（Agricultural Resource Management Study，ARMS）数据分析预防性储蓄对农户家庭财产的影响。预防性储蓄占家庭财产的比重因农户是否接受政府补贴而异，接受政府补贴的农户预防性储蓄占家庭财产的比重为 51%，没有收到任何补贴的农户预防性储蓄占家庭财产的比重为 41%。这是由于接受政府补贴的农户大多从事农业生产活动，农业收入的不确定性更大，使得收入不确定性导致的预防性储蓄占家庭财产的比重更高。Choi 等（2017）使用中国健康与营养调查（CHNS）数据采用递归效用函数进行模拟分析，预防性储蓄占家庭总储蓄的80%以上。

还有一些研究表明，当使用收入不确定性的主观度量指标时，预防性储蓄占家庭财富积累的比重较低。Guiso等（1992）使用1989年意大利家庭收入和资产调查（Italian Survey of Household Income and Wealth）数据进行分析，该数据提供有关下一年收入变化分布的信息，使用下一年收入分布方差作为收入不确定性的主观度量标准。预防性储蓄仅占家庭净财产的2%。Lusardi（2000）使用1992年美国卫生与退休研究调查（US Health and Retirement Study）数据选取户主年龄为51—61岁的家庭样本进行研究，将自我评估失业的可能性作为收入风险的主观衡量指标，考察收入不确定对家庭财富积累的影响。即使在老年家庭中，也存在预防性储蓄动机，但这种动机随着年龄的增长而下降。预防性储蓄可以解释家庭财富积累的2%—5%，这取决于家庭财富的度量标准。

第三节 国内预防性储蓄研究

国内有关预防性储蓄问题的研究较为局限，大多集中在预防性储蓄的存在性和强度度量问题上。这类研究大多基于Dynan（1993）提出的理论框架，从消费者预期效用最大化模型出发，推导出收入不确定性条件下消费函数的一般形式和衡量预防性储蓄动机强度的公式。虽然这些研究对城乡居民的预防性储蓄动机强度做了检验，普遍认为中国城乡居民存在较强的预防性储蓄动机，但这与预防性储蓄重要性——预防性储蓄对家庭财富积累的影响及贡献度——是两个不同的问题。

一 预防性储蓄动机的存在性与强度度量

国内有关预防性储蓄问题的实证研究大多采用省级面板数据进行分析，但由于选取的时间、变量和计量方法不同，结论也会有所差异。施建淮和朱海婷（2004）使用1999—2003年中国35个大中城市月度数据进行分析,未来收入的不确定性会对当前消费产生负面影响,35个大中城市居民的相对谨慎系数约为0.878。证实了预防性储蓄动机的存在,但预防性储蓄动机没有预期那么强。易行健等(2008)使用1992—2006年《中国统计年鉴》中农村省际数据进行分析,农村居民相对谨慎系数约为11.534,表明中国农村居民具有很强的预防性储蓄动机。与施建淮和朱海婷(2004)研究结果相比,农村居民相对谨慎系数高于城镇居民,这说明中国农村居民预防性储蓄动机更强。

苏基溶和廖进中(2010)使用1980—2007年《中国统计年鉴》中城镇省际数据探究影响居民储蓄行为的三类动机,即生命周期动机、遗赠动机和预防性动机。这三类储蓄动机对中国城镇居民的储蓄行为有重要影响。中国居民高储蓄率产生的原因主要归结于生命周期储蓄动机,收入差距扩大会导致家庭遗赠储蓄上升,居民收入不确定性增强使得预防性储蓄上升。李燕桥和臧旭恒(2011)使用1978—2008年《中国统计年鉴》数据对30个省份城镇居民消费行为进行分析,并对预防性储蓄强度进行估量。结论与施建淮和朱海婷(2004)一致,中国城镇居民确实存在预防性储蓄动机,但预防性储蓄动机没有预期那么强。

凌晨和张安全(2012)使用2004—2010年26个省城乡消费数据进行分析,农村和城镇居民的相对谨慎系数分别为6.4和12.3。中国城乡居民存在显著的预防性储蓄动机,并且城镇居民预防性储蓄动机的强度更大,约为农村居民的两倍。张安全和凌晨(2015)使用1999—2011年26个省城乡居民消费数据进行分析,从绝对层面来看,农村居民具有更强的预防性储蓄动机,农村居民的绝对谨慎系数约为城镇居民的1.5倍。从相对层面来看,农村居民的相对谨慎系数小于城镇居民。周博(2016)利用1999—2013年31个省份城镇数据分析收入和房价波动对预防性储蓄的影响。收入不确定性对预防性储蓄有显著的正向影响,收入不确定性的相对谨慎系数为7.6。房价波动与收入不确定性的协方差相对谨慎系数为2.7,房价上涨会间接影响城镇居民的预防性储蓄。

二 预防性储蓄对财富积累影响的研究

国内有关预防性储蓄对财富积累研究的文献有限,雷震和张安全(2013)以消费者跨期消费决策模型为基础,考虑无限期中具有习惯偏好的代表性消费者的消费—储蓄抉择。根据2005—2009年《中国区域经济统计年鉴》地级市面板数据对城乡居民预防性储蓄水平进行测算,农村和城市居民的预防性储蓄分别为2847.49元和7724.47元,城市居民是农村居民的2.71倍。这与凌晨和张安全(2012)"城镇居民相对谨慎系数是农村居民相对谨慎系数的两倍"的结论基本一致。雷震和张安全(2013)分析发现预防性储蓄只可以解释城乡家庭财产积累的1.5%—8.0%,但预防性储蓄能够解释城乡家庭金融性财产积累的20%—30%。这是由于城乡家庭总财产包含了房产,但是住房流动性较低。所以测算预防性储蓄占中国家庭财产比重时,使用流动性较强的金融性财产更加合适。

不同于雷震和张安全(2013)的研究,宋月明和臧旭恒(2016)使用1989—2011年中国健康与营养调查(CHNS)数据探究预防性储蓄对城乡家庭财富积累的影响。收入不确定性对农村家庭财富积累的影响大于城镇家庭,且农村家庭收入不确定性对家庭财富积累的影响大于永久性收入。他们通过对收入不确定性数值进行模拟分析,发现当居民面临的收入不确定性降低一半时,能够释放出34.92%的财富用于消费。当收入不确定性被完全消除时,城乡居民预防性储蓄占家庭非房财产的比重为50.91%,农村居民的预防性储蓄占家庭非房财产的比重更高为58.8%。宋月明和臧旭恒(2016)首次使用中国微观调查数据分析预防性储蓄对财富积累的影响,但是收入不确定性指标是根据职业分类测算,还是忽略了个体异质性对收入不确定性的影响。

第四节 国内外房价波动的相关研究

2008年美国次级房贷危机所引发的国际金融危机,不仅让人们意识到房价波动对居民消费和储蓄的重要性,也让房价波动问题成为各国宏观经济制定和理论研究者关注的焦点。近年来，国内外关于房价波动问题的研究大体可分为以下三类：第一类是关于房价变动的影响因素研究，主要是从需求和供给两方面进行分析；第二类是关于房价波动对储蓄率影响的研究，主要是使用微观数据从"财富效应"和"挤出效应"两个方面探究房价波动对居民消费或储蓄的影响；第三类是关于房价对家庭财富积累的影响研究，其中，关于房价对家庭财富积累的研究文献较少，这将是本书的重点。

一 房价变动的影响因素研究

国内外关于房价波动背后的影响因素研究，主要是从需求和供给两方面进行分析（袁东等，2016）。从需求层面来看，国内外学者通常从利率、人口结构、收入水平和住房性质等方面进行分析。国外一些学者从利率波动的视角探究了房价变化的成因，Mishkin（2007）对利率影响房价的传导机制进行梳理，并指出房价受消费者购房资本成本的影响，而资本成本受利率的影响。国内学者 Zhao（2015）通过构建一个含房地产部门的 OLG 模型，缩紧的信贷约束抑制了房产拥有者的借贷能力，从而使得实际利率低于房价增长率。通过引入生命周期模型进行分析发现，生命周期各阶段家庭购房需求有所不同，青年家庭对住房需求最高（Mankiw and Weil，1989）。与发达国家不同，徐建炜等（2012）研究发现中国少年人口抚养比上升会导致当前房价下跌，老年人口抚养比上升会导致当前房价上涨。Ortalo-Magne 和 Rady（2006）根据住房需求将家庭划分为初次购买的青年家庭和准备换房的成熟家庭，无住房的青年家庭收入上涨对整个房地产市场有正向影响。

从供给层面来看，国内外学者大多从房产存量、土地成本和土地管制、地理位置以及公共服务等角度进行分析。Mayer 等（2000）研究发现房产存量的价格弹性较小，当城市进入衰退时，房产耐久品属性使得房产存量不会减少，房价下降导致房产投资水平低下。Ihlanfeldt（2007）使用佛罗里达州一百多个城市的微观数据分析房价调控措施对房价的影响。每增加一项房价调控措施，该地区房价上涨 3%—8%。平新乔和陈敏彦（2004）表示当土地价格上升1%，中国房价上涨0.78%。并指出随着未来土地供给不断减少，房价将随土地价格的上升而上涨。自2002年实行土地使用权出让后，房价随地价迅速上涨（刘民权和孙波，2009）。邵新建等（2012）探究城市土地市场格局的变化，地方政府土地利益最大化导致地价攀升，土地价格每增加1%，房价将上涨0.55%。Archer等（2005）研究发现地理位置可以解释房价上涨的12%。

二 房价对储蓄率影响的研究

近年来，国内一些研究开始关注房价上涨对居民储蓄率的影响。从时间趋势上看，储蓄率与房价的变化紧密相关（范子英和刘甲炎，2015）。理论上房价上涨对居民消费行为的影响存在作用方向相反的两种效应，即"财富效应"和"挤出效应"（陈斌开和杨汝岱，2013；颜色和朱国钟，2013；王策和周博，2016）。一方面，房价上涨使有房家庭因房产升值而增加财富，他们在退休后可通过住房反向抵押贷款获得更高的年金收入。这种"财富效应"使得城镇居民更倾向于减少储蓄、增加消费。另一方面，房价快速攀升迫使无房家庭"为买房而储蓄"，从而产生抑制消费的"挤出效应"。因此，房价对消费和储蓄的影响取决于"财富效应"与"挤出效应"这两种效应的净值。

实证研究中由于采用的研究方法、数据来源以及样本年限的不同，房价上涨对储蓄率影响的研究并没有一致性结论。一类研究表明房价上涨对储蓄率有显著正向影响。陈斌开和杨汝岱（2013）使用2002—2007年中国城镇住户调查（UHS）数据考察房价上涨对城镇居民储蓄率的影响，房价上涨迫使城镇居民"为买房而储蓄"，房价上涨可以解释2002—2007年中国城镇居民储蓄率上升的45%。房价上涨主要影响低收入水平、没有住房或住房面积较小的家庭。李雪松和黄彦彦（2015）使用2011年中国金融调查（CHFS）数据考察房价上涨对城镇家庭多套房决策和储蓄率的影响，房价上涨对城镇家庭多套房决策具有显著的正向影响，房价上涨成为推动高储蓄率的重要原因之一。当房价持续上涨时，人们为购房而储蓄的储蓄动机增强，从而使得储蓄率持续上涨。王策和周博（2016）使用1999—2014年全国31个省份数据考察收入不确定性和房价波动对居民储蓄的影响。房价波动产生的"涟漪效应"使城镇居民的预防性储蓄动机在原有基础上上涨了52%。

另一类研究则表明房价上涨对居民储蓄率有负向影响。赵西亮等（2013）使用2002年和2007年中国家庭收入调查（CHIP）数据考察房价上涨对城镇居民储蓄率的影响，房价上涨无法解释中国城镇居民储蓄率的持续上升，相反，城镇居民储蓄率与房价上涨之间存在负向关系。现有研究大多只考虑了房价对城镇家庭储蓄率的影响，但是随着城镇化进程的不断推进，城镇地区房价不断攀升所带来的"涟漪效应"使得农村地区房价也相应提高。因此，本书将进一步探究房价波动对城乡家庭储蓄率的影响差异，主要从"财富效应"和"为购房而储蓄"的储蓄动机两个方面分析房价波动对中国城乡家庭储蓄率的影响。

三 房价对财富差距的影响研究

中国房地产价格不断上涨，房价居高不下成为人们普遍关注的焦点。房价波动对于社会经济的影响不局限于房价对消费和储蓄的影响，房价持续上涨将进一步加剧财富不平等（王天夫，2008）。张建勤和舒红艳（2017）使用WID数据分析发现，1995—2015年中国财富顶端的1%和10%人群拥有的财富占国民总财富的比重逐年上升，并指出中国贫富差距主要来源于财富积累差距的不断扩大，而房价大幅度攀升是加速财富积累差距的主要原因。住房不同于普通的消费品，它不仅具有消费属性，还具有投资属性。张建勤和舒红艳（2017）指出富裕家庭不再只满足于单一的住房需求，而更多地进行房产投资。拥有多套住房的家庭，家庭财富水平随房价上涨而上涨；仅拥有一套住房的家庭，房价上涨所带来的财富效应并不显著；对于无房家庭，房价上涨加重了家庭购房负担（李书华和王兵，2014）。因此，探究住房的财富效应时需要根据住房属性进行区分。

国内有学者从住房的财富效应视角探究房价对家庭财富差距的影响（李书华和王兵，2014；李晓红，2012）。李书华和王兵（2014）指出房价增长会通过财富效应、信贷效应以及产业替代效应扩大财富差距。房价上涨使得拥有投资性住房的家庭越来越富有，无房家庭越来越穷，进而导致有房家庭和无房家庭的财富差距不断扩大。李书华和王兵（2014）提出高房价会导致穷者越穷、富者越富的"马太效应"。房价持续上涨成为扩大中国财富差距的主要推动力。李晓红（2012）指出房地产消费具有位置消费属性即身份象征标志，富人会选择大面积、高品质豪宅，中低收入群体只能选择小面积普通住房。住房市场化改革成为加剧贫富分化的"推动器"，房价快速攀升进一步扩大不同收入群体的财富差距。

还有一些学者指出房价上涨会加剧社会分化，高房价成为能力者进入以财产进行财富积累的一道门槛（王天夫，2008；张建勤和舒红艳，2017）。因此，根据财富积累方式可将家庭划分为两类：一类是以储蓄为主进行财富积累的家庭；另一类是以财产增值为主进行财富积累的家庭。在当前整个社会资产增值的时期，房价快速上涨。通过资产增值积累财富的速度显然快于通过工资性收入积累财富。王天夫（2008）指出房价上涨对家庭财富积累存在以下两方面的影响：一方面，房价上涨使得购房门槛进一步提高，有能力购买房屋的人群将进一步减少；另一方面，房价上涨使得拥有住房的家庭财产进一步增值，从而形成财产积累的"马太效应"，即穷人越穷，富人越富。张建勤和舒红艳（2017）表示房价上涨使得房产潜在的抵押价值提高，富人能够从银行获得更多贷款，通过不断投资房产积累财富。对于穷人而言，房价上涨使得贷款买房的压力越来越大，只能通过储蓄来积累财富，但由于物价增长过快，穷人储蓄的那部分财产实际在贬值。

罗楚亮（2013）指出住房分配制度改革使得住房资产价值不断上升，强化了住房的投资属性，使得人们更倾向于通过住房投资来实现财产积累，从而加速收入差距向财产差距的转化。李书华和王兵（2014）指出贫富差距和房价波动相互影响，只有将贫富差距和房价波动问题放在一起考虑才能有效解决社会分化问题。吕康银和朱金霞（2016）指出房价持续快速上涨加重城镇居民生活压力，中国贫富差距的不断扩大对经济发展产生负面影响。相对于工资性收入而言，房价上涨使得房产拥有者的财富不断增长，这种财富增长远超过了工资性收入的增长。房价上涨是影响居民财富积累差距的关键因素，只有切断二者相互推升的传递链条，才能有效解决房价与贫富差距间的循环累积作用。

第五节　本章小结

近年来，各国统计机构开始发布追溯性的资产负债表，越来越多的学者使用财富收入数据探究各国财富积累问题。Piketty 和 Zucman（2014）最先使用财富收入比探讨不同国家财富积累的变化趋势。国外有少数学者采用 Piketty 和 Zucman（2014）提出的财富积累分解方法，考察不同国家财富积累的数量效应和价格效应变化差异。关于中国国民财富积累研究的文献较少，目前只有 Piketty 等（2019）将 1978—2015 年中国国民财富积累分解为数量效应（储蓄）和价格效应进行分析。结果发现，储蓄可以解释 1978 年以来中国国民财富积累的 50%—60%，而资本相对价格可以解释剩余的 40%—50%。但是，Piketty 等（2019）并没有对国民财富做进一步的细分。本书在 Piketty 和 Zucman（2014）及 Piketty 等（2019）的研究基础上，进一步探究中国家庭财产积累的数量效应和价格效应差异。为了进一步讨论不同阶段中国家庭财产积累的数量效应和价格效应差异，本书还根据重大事件节点划分时间段进行分析，进而提出预防性储蓄和房价波动对家庭财产积累的重要性。

现有关于储蓄的研究大多是从预防性储蓄动机的视角进行分析，国外关于预防性储蓄问题的研究已有很大进展。大量研究证实了预防性储蓄动机的存在性，但是预防性储蓄动机是否会带来更多的财富仍然有所争议。国内有关预防性储蓄问题的研究较为局限，大多集中在预防性储蓄的存在性和强度度量问题上。这些研究发现中国城乡家庭存在较强的预防性储蓄动机。但是，这也只能证实预防性储蓄动机的存在性，并不能说明预防性储蓄对中国家庭财富积累的重要性。目前只有雷震和张安全（2013）以及宋月明和臧旭恒（2016）对这一问题进行分析，虽然雷震和张安全（2013）的研究为预防性储蓄重要性问题提供了实证依据，但是他们使用的数据为地级市层面的宏观数据，忽视了个体异质性对财富积累的影响。宋月明和臧旭恒（2016）首次使用中国微观调查数据分析预防性储蓄对财富积累的影响，但是收入不确定性指标是根据职业分类测算，还是忽略了个体差异对收入不确定性的影响。本书利用微观调查数据考察收入不确定性对中国城乡家庭财富积累的影响，同时模拟估算预防性储蓄对中国城乡家庭财富积累的贡献度。

国际金融危机之后，国内研究开始关注房价上涨对居民储蓄率的影响。从时间趋势上看，储蓄率与房价的变化紧密相关。理论上房价上涨对于居民消费行为有着作用方向截然相反的两种效应，即"财富效应"和"挤出效应"。一方面，"财富效应"使城镇居民更倾向于减少储蓄、增加消费。另一方面，房价快速攀升迫使无房家庭"为买房而储蓄"，从而产生抑制消费的"挤出效应"。因此，房价对消费和储蓄的影响取决于"财富效应"与"挤出效应"这两种效应的净值。国内现有研究大多只考察了房价水平对城乡家庭储蓄率的影响，并没有考虑预期房价增长率对城乡家庭储蓄率的影响。一方面，预期房价增长率较高会迫使无房家庭"为买房而储蓄"；另一方面，预期房价增长率较高会使得部分有房家庭"为换房而储蓄"。因此，本书将通过房价水平和预期房价增长率从"财富效应"和"为购房而储蓄"的储蓄动机两个方面，探究房价波动对中国城乡家庭储蓄率的影响。

近年来，房价的快速攀升进一步扩大了不同收入群体的财富差距，加剧社会阶层分化。过大的贫富差距和剧烈的房价波动之间存在相互影响的关系，只有将这两个问题放在一起考虑才能有效解决社会分化问题。国内有学者从住房的财富效应视角探究了房价对家庭财富差距的影响，高房价会导致穷者越穷、富者越富的"马太效应"，房价持续上涨成为中国贫富差距不断扩大的主要推动力。拥有多套住房的家庭，家庭财富水平随房价上涨而上涨；仅拥有一套住房的家庭，房价上涨所带来的财富效应并不显著；对于无房家庭，房价上涨加重了家庭购房负担。因此，探究住房的财富效应时需要根据住房属性进行区分。本书将根据家庭住房属性进行划分，考察房价波动对不同房产属性家庭财富积累的影响及贡献度差异。

第三章

中国家庭财产积累的数量效应和价格效应

皮凯蒂最先使用财富收入比作为贫富差距的度量标准，并指出财富积累主要来源于两个方面：一方面是收入通过储蓄转化为财产；另一方面是资本相对价格的变动导致现有财产价值的变化（Piketty，2014）。相对于拥有少量财富的家庭而言，富裕家庭的储蓄率随着持有财富的增长而增长，资本收益率也会因为规模效应而产生较大差距。财产积累存在穷者越穷、富者越富的"马太效应"。由于收入是一个流量变量，财产（财富）是一个存量变量。考虑到国民账户主要是关于流量，而不是存量的记载。虽然拥有大量有关产出、收入和消费等流量数据的历史系列资料，但有关财产和负债等存量数据有限，通常是通过累计过去的储蓄和投资来获得财产存量的估计值。近年来，各国统计机构开始发布追溯性的资产负债表。

自 2011 年起，中国社会科学院国家资产负债表研究团队经过十年来的探索，编制了 2000—2019 年共计 20 年的中国国家资产负债表数据。李扬等（2020）指出通过这些数据可以从财富积累的视角分析中国经济发展过程中存在的问题以及未来改进的方向。2000—2019 年中国社会净财产规模大幅增长，政府部门和家庭部门净财产占比分别维持在 25% 和 75%。由此可见，家庭财产积累对整个社会财产积累的贡献度较高，探究中国家庭财产积累问题具有很强的现实意义。Piketty 和 Zucman（2014）最先使用财富收入比探讨不同国家财富积累的变化趋势，并将财富积累分解为数量效应（储蓄）和价格效应（资本损益）进行分析。随后，国外一些学者开始采用 Piketty 和 Zucman（2014）提出的财富积累分解方法，考察不同国家财富积累的数量效应和价格效应变化差异（Daniel，2016；Nikolaos，2018；Miguel et al.，2018；Kumar，2019）[①]。

关于中国财富积累研究的文献较少，目前只有杨利、皮凯蒂和祖克曼对这一问题进行分析。Piketty 等（2019）将 1978—2015 年中国国民财富积累分解为数量效应（储蓄）和价格效应，储蓄可以解释 1978 年以来中国国民财富积累的 50%—60%，而资本相对价格的增长则可以解释剩余的 40%—50%。但是，国民财富包含公有财产（政府）和私有财产（家庭），政府财产和家庭财产的财产结构有所不同。因此，二者财产积累存在差异，Piketty 等（2019）并没有进一步探究中国家庭财产积累问题。本章将在 Piketty 和 Zucman（2014）及 Piketty 等（2019）的研究基础上，进一步探究不同时期中国家庭财产积累的数量效应和价格效应差异，进而分析中国家庭财产积累的关键因素。本章剩余部分结构如下：第一节为中国家庭财产积累现状及路径分析。第二节为中国高储蓄率现状及原因分析。第三节为中国房地产市场发展、房价上涨及原因分析。第四节为房价变化对中国家庭财产积累的影响。第五节为中国家庭财产积累分解。第六节为本章小结。

第一节 中国家庭财产积累现状及路径分析

一 家庭财产变化情况

图 3-1 给出了 1978—2015 年中国家庭财产（私有财产）和政府财产（公有财产）的变化情况。1998 年以前中国家庭财产与政府财产水平较低，1998 年房改之后，中国家庭财产与政府财产水平快速上

[①] 详细介绍见文献综述。

涨，且家庭财产增速大于政府财产增速①。因此，房改以来中国家庭财产与政府财产之间的差距不断扩大。总的来说，1978—2015年中国家庭财产与政府财产水平变化呈现明显的"剪刀差"。为了更加直观地比较家庭财产和政府财产的变动情况，图3-1还给出了1978—2015年中国家庭财产和政府财产占比的变化情况。整体而言，1978—2015年中国家庭财产占比不断提高，由1978年的30%上涨至2015年的70%。1978—2015年中国政府财产占比不断下降，由1978年的70%下降至2015年的30%。由此可见，1978—2015年家庭财产积累对整个社会财产积累的重要性不断提高。

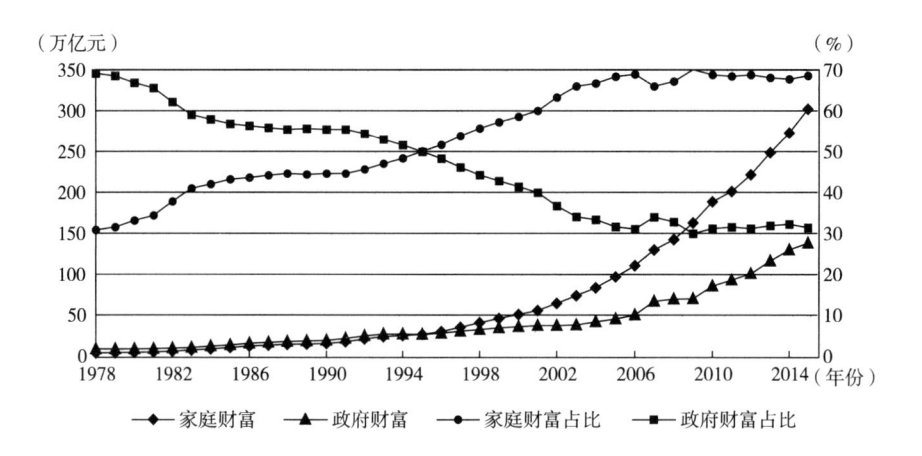

图3-1　1978—2015年中国家庭财产和政府财产占比的变化

根据WID提供的数据，本书选取了日本、美国、英国、法国、德国、意大利、瑞典、加拿大和澳大利亚9个发达国家进行分析，对比1978—2015年中国与这9个发达国家家庭财产占国民收入比重的变化情况。如图3-2所示，1978—2015年各国家庭财产收入比呈上升态

---

① 这里用私有财产和公有财产分别代表家庭财产和政府财产，需要注意的是，企业财产根据企业性质分别划分至私有财产和政府财产中。由于数据限制，不能将企业财产从私有财产和公有财产中剔除。另外，这里的财产数值均以2015年为基期进行调整。1998—2015年中国家庭财产年均增长率为11.3%，1998—2015年中国政府财产年均增长率为10.3%。

势，中国家庭财富收入比增速最快。1978年中国家庭财产占国民收入的比重为115%，远低于发达国家该比重平均水平（293%）。随着中国家庭财产占比不断提高，2015年中国家庭财产占国民收入的比重为487%，接近发达国家该比重平均水平（556%）。由此可见，1978—2015年中国家庭财富积累增速较快，家庭财产收入比接近发达国家平均水平。

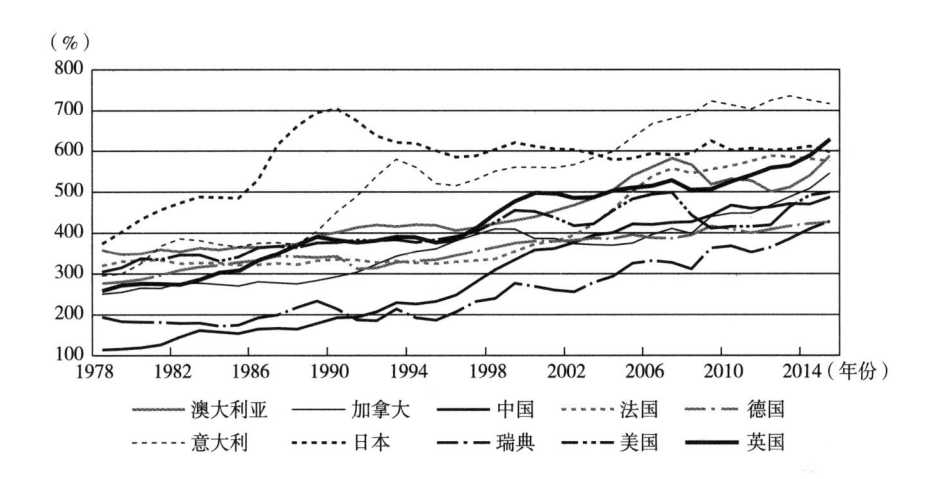

图3-2 1978—2015年各国家庭财产占国民收入的比重变化

二 家庭财产结构变化情况

本书将进一步分析中国家庭财产结构的变化情况，如图3-3所示，1978—2015年住房和金融财产占家庭财产的比重不断提高，分别由1978年的27%和14%上升至2015年的45%和39%。2008年国际金融危机对中国房地产市场产生较大冲击，2008—2015年住房财产占中国私有财产的比重由2008年的53%下降至2015年的50%。1978—2015年农业用地占家庭财产的比重由1978年的51%下降至2015年的6%。这主要是由于中国土地产权不明晰，加上近些年城市经济高速发展，农业用地被大量用于非农产业生产。土地价格的上涨导致房价进一步攀升，房价上涨使得房产价值占比不断加大。这也能解释1978—2015年住房财产占家庭财产比重不断上涨的原因。

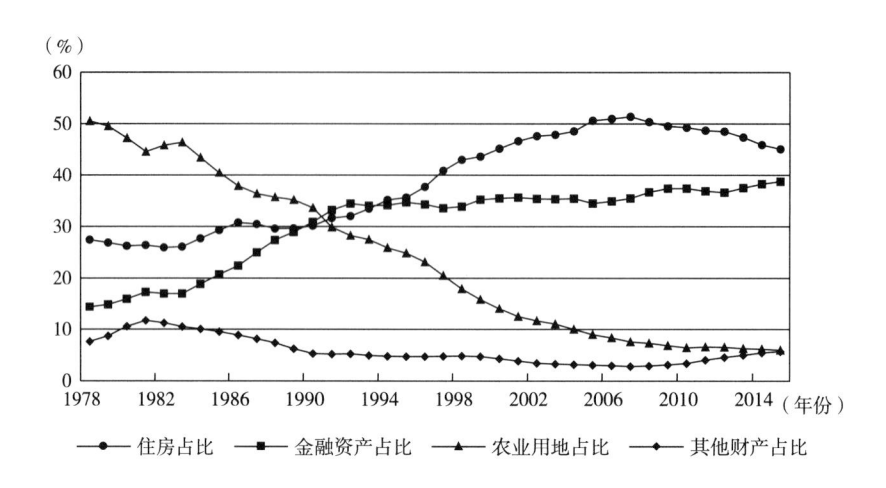

图 3-3　1978—2015 年中国家庭财产结构变化

为进一步探究住房结构的变化，图 3-4 给出了 1978—2015 年私有住房（家庭）和公有住房（政府）的占比变化情况。1978—1990年中国私有住房和公有住房占总住房的比重基本一致，均维持在 50%左右。1991—2015 年住房结构发生重大转变，这主要是由于 1988—1998 年住房商品化改革在全国逐步推进，1998 年以来全面实施住房分配货币化政策。私有住房份额不断提高，由 1991 年的 52% 上升至2015 年的 98%，而公有住房份额不断下降，由 1991 年的 48% 下降至2015 年的 2%。由此可见，1978—2015 年家庭财产占比不断提高主要归因于私有住房价值占比的不断提高。一方面是由于住房体制改革导致私有住房比重不断上升，从而使得私有住房拥有量不断提高。另一方面是住房价格不断攀升，使得私有住房价值也在不断提高。

三　财产积累路径分析

李扬等（2020）指出财产积累主要来源于两方面：较高的储蓄率和价值重估效应。前者即为财产积累的数量效应，后者即为价格效应。一方面较高的储蓄率对应较高的固定资本形成率，在每期的总产出中，消费占比相对较低，而投资占比相对较高，从而促进财产总量快速上涨。另一方面价值重估效应——土地增值、股票、房地产价格上涨等因素使得存量财产的市场价值上升。

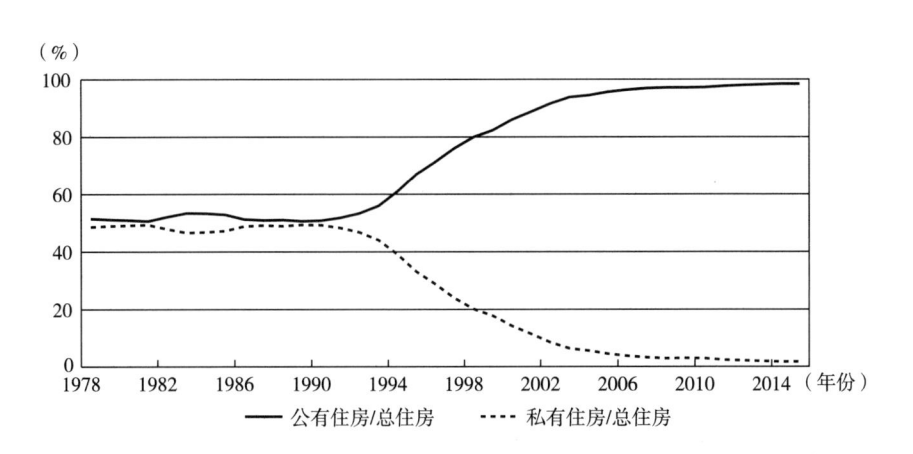

图 3-4　1978—2015 年公有住房和私有住房份额变化

(一) 储蓄效应

如图 3-5 所示，1978—2015 年中国储蓄率普遍高于发达国家。2000 年以前，中国储蓄率保持在 25% 左右。2000 年以来中国储蓄率快速攀升，由 2000 年的 24% 上涨至 2008 年的 42%。由于国际金融危机的影响，2009—2015 年中国储蓄率有所下降，但仍然维持在 35% 以上，远高于发达国家水平。除中国以外，各发达国家的储蓄率大多处于 30% 以下。1978—2015 年美国储蓄率由 1978 年的 27% 下降到 2014

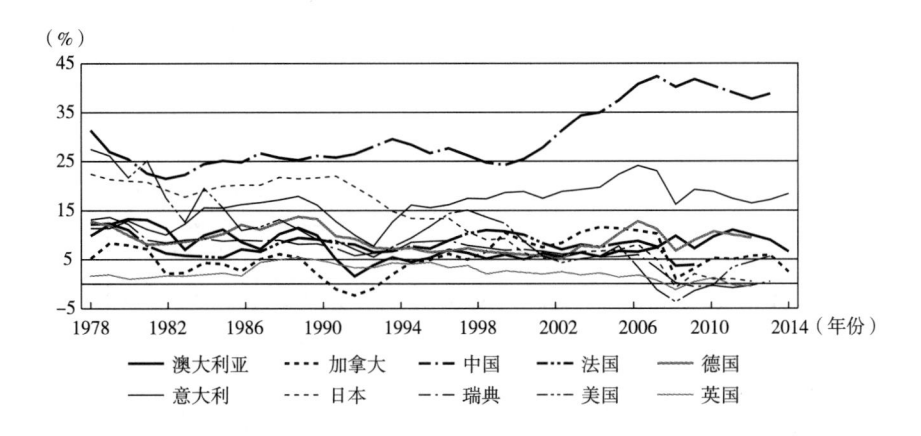

图 3-5　1978—2015 年各国储蓄率水平变化

注：储蓄率为总储蓄占国民收入的比重。
资料来源：世界财富与收入数据库（WID）。

年的6%，日本储蓄率由1978年的22%下降至2013年的1%。较高的储蓄率决定了中国与发达国家之间财产积累速度不同。改革开放以来，中国资本形成率平均为30%左右，也就是说，总产出中有30%通过投资进行财产积累，而发达国家的产出大多用于消费，新增财产积累的比例较小。

（二）价值重估效应

本书根据2000—2019年中国家庭资产负债表数据对比家庭住房财产、风险性金融财产和非风险性金融财产的变化情况。如图3-6所示，2000—2007年住房财产占中国家庭总财产的比重基本维持在50%以上，2008—2014年家庭住房财产占比下降，2015—2019年家庭住房财产占比维持在40%左右。李扬等（2020）指出中国家庭财产扩张的主要动力源于非金融财产，而住房财产占非金融财产的比重超过90%。李成和汤铎铎（2018）提出近年来实体部门不景气、金融业监管渐强、资本管制趋紧等因素，除了住房投资以外，家庭缺乏其他投资途径用以实现财富增值和保值。相对于股票及股权等风险性金融财产，现金和存款等非风险性金融财产的比重相对稳定。2000—2019年股票及股权等风险性金融财产占比不断上涨，由2000年的18%上涨至2019年的36%。但是，李扬等（2020）指出相对于政府

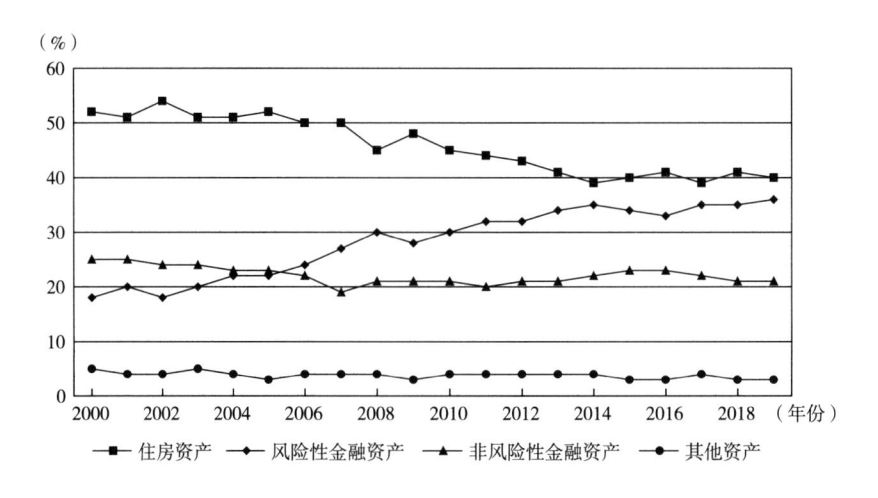

图3-6 2000—2019年中国家庭住房和金融资产的变化

部门所持有的股票及股权,2013年以来中国家庭部门的股票及股权等风险性金融财产占比出现下降,股权价值上升带来的财富积累效应向政府部门而非家庭部门倾斜。由此可见,当前中国家庭财富积累的价值重估效应主要来自住房价格的上涨。

第二节　中国高储蓄率现状及原因分析

一　中国高储蓄率现状

改革开放以来,中国国民储蓄率普遍高于发达国家。考虑到国民储蓄主要分为私有储蓄和公有储蓄两部分①。如图3-7所示,私有储蓄率的上升趋势与国民储蓄率基本一致。2000年以前,公有储蓄率水平较低且变化相对稳定,基本维持在5%以内。2000年以后,公有储蓄率和私有储蓄率都在不断提高,尤其是在2008年国际金融危机爆发之前,公有储蓄率和私有储蓄率年均增长率分别为22.3%和2.2%。虽然公

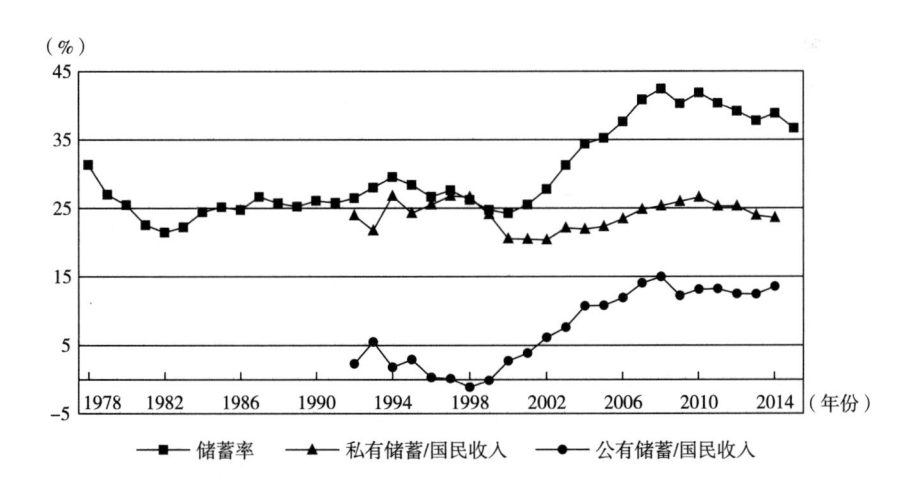

图3-7　1978—2015年储蓄率结构变化

---

① 私有储蓄包括居民储蓄和企业所得中的私人股份,公有储蓄包括政府储蓄和企业所得中的政府股份。私有储蓄率是指私有储蓄占国民收入的比重,公有储蓄率是指公有储蓄占国民收入的比重。

有储蓄率上涨较快，但是私有储蓄率占国民储蓄率的比重依然维持在60%以上。这里的私有储蓄包含居民储蓄和企业所得中的私有股份两部分。根据国家统计局的数据显示，居民储蓄占国民储蓄的60%以上。因此，居民储蓄率上升也是导致国民储蓄率上升的主要原因（陈斌开等，2014）。本书将从居民储蓄率的视角出发，探究中国高储蓄率现象背后的原因。

二 中国高储蓄率原因分析

关于中国高储蓄率现象的解释有很多，国内外大多数文献从人口结构、性别失衡与婚姻市场、预防性储蓄动机、收入不平等以及房价上涨等方面探究中国高储蓄率现象背后的原因。

（一）基于人口结构变化的解释

根据生命周期理论，个体将根据自己一生的预期总收入平滑各期消费，从而使得整个生命周期效用最大化。当一国未成年人和老年人抚养比率较高时，该国储蓄率较低。袁志刚和宋铮（2000）通过构建一个包含中国养老保险制度的迭代模型分析发现，计划生育政策导致的人口老龄化会激励居民增加储蓄，这可能是中国城镇居民储蓄倾向上升的一个重要原因。李扬等（2007）认为储蓄率水平主要取决于人口结构，中国人口增长经历了两次"婴儿潮"，使得中国人口结构趋于年轻化。伴随着适龄劳动人口比重上升，中国适龄劳动人口的就业率维持在高水平，进而导致总人口的劳动参与率随人口年龄结构的变化而递增。汪伟（2010）使用1989—2006年中国省级面板数据考察经济增长、人口结构与高储蓄率的关系，实证发现计划生育政策导致性别失衡和人口老龄化是高储蓄率产生的重要原因。但是，人口结构变化的过程较为缓慢，无法解释中国储蓄率的动态变化。

（二）基于性别失衡与婚姻市场的解释

周俊山和尹银（2011）使用中国省级面板数据探究计划生育政策对居民储蓄率的影响，计划生育政策引起的性别失调导致婚姻市场挤压，家庭倾向于更多的储蓄用以提高男性在婚姻市场上的竞争力（Wei and Zhang, 2011）。邱俊杰和李承政（2014）使用1991—2011年中国省级面板数据进行分析，家庭消费存在对女性的性别歧视，男

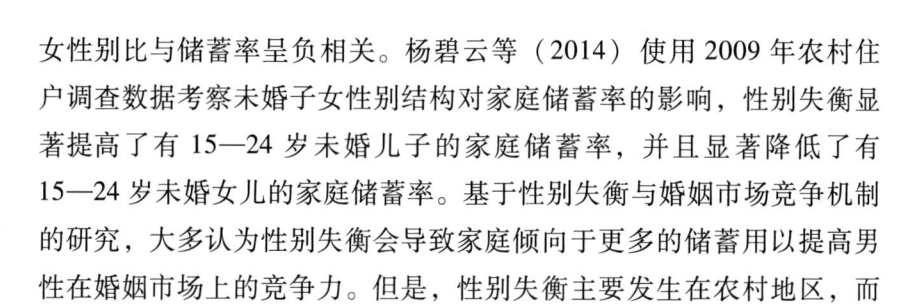

女性别比与储蓄率呈负相关。杨碧云等（2014）使用2009年农村住户调查数据考察未婚子女性别结构对家庭储蓄率的影响，性别失衡显著提高了有15—24岁未婚儿子的家庭储蓄率，并且显著降低了有15—24岁未婚女儿的家庭储蓄率。基于性别失衡与婚姻市场竞争机制的研究，大多认为性别失衡会导致家庭倾向于更多的储蓄用以提高男性在婚姻市场上的竞争力。但是，性别失衡主要发生在农村地区，而中国高储蓄率主要来自城镇家庭。

（三）基于收入不平等的解释

贾德奎和施红俊（2003）认为中国金融市场的不完善使得各收入阶层存在强制性储蓄行为，居民平均储蓄倾向取决于高收入阶层的比重，收入分配差距成为影响居民储蓄居高不下的重要原因。汪伟和郭新强（2011）从收入不平等与目标性储蓄的角度探究中国高储蓄率问题，为了应对未来买房、子女教育、治病等大额支出，中低收入阶层为了实现消费目标，其储蓄倾向往往会比高收入阶层更高。甘犁等（2018）通过构建一个跨期储蓄模型进行分析，认为收入分配和流动性约束相互作用是导致中国居民高储蓄率现象的根本原因。当收入不平等程度加剧，高收入家庭由于相对收入增加使得储蓄率进一步上升，而低收入家庭由于流动性约束限制导致储蓄率难以减少，从而导致居民储蓄率整体上涨。金烨等（2011）指出收入差距不断扩大使得社会阶层固化，社会地位较高的群体掌握了更高比例的社会财富，这使得进入社会上层的收益更高，同时进入上层所需要的财富积累也更高。

（四）基于预防性储蓄的解释

宋铮（1999）认为收入不确定性是导致中国居民储蓄率不断提高的主要原因，相比计划经济时期，市场经济中的收入不确定性更强。谢平（2000）认为制度变迁使得人们对未来收入的不确定性增强，人们将收入的大部分用于储蓄以备不时之需。臧旭恒和裴春霞（2004）指出中国居民流动性约束具有明显的制度特征，1978年以来中国居民预防性储蓄动机不断增强，流动性约束和收入不确定性是中国高储蓄率的根源。一些研究表明预防性储蓄占家庭总储蓄的比重较高，且预防性储蓄动机是家庭进行储蓄抉择的重要原因（Skinner，1988；Caballero，1990；Choi et al.，2017）。国内关于预防性储蓄动机的研究大多集中在预防性储蓄的存在性和强度度量问题上，很少有人探究预防性储蓄对家庭储蓄和财富积累的贡献度。国内现有研究均证实了预防性储蓄动机的存在，但这些研究大多是基于宏观数据进行分析。本书将使用微观数据从家庭层面探究收入不确定性引起的预防性储蓄对家庭财富积累的影响。

（五）基于房价上涨的解释

上述研究大多只解释了中国居民储蓄率较高的原因，并没有解释储蓄率持续上升的原因。近年来，一些研究开始关注房价上涨对居民储蓄率的影响。从时间趋势上看，储蓄率与房价的变化紧密相关（范子英和刘甲炎，2015）。理论上房价上涨对于居民消费行为有着作用方向截然相反的两种效应，即"财富效应"和"挤出效应"（陈斌开和杨汝岱，2013；颜色和朱国钟，2013；周博，2016；王策和周博，2016）。一方面，房价上涨使有房家庭因房产升值而增加财富，他们在退休后可通过住房反向抵押货款获得更高的年金收入。这种"财富效应"使城镇居民更倾向于减少储蓄、增加消费。另一方面，房价快速攀升迫使无房家庭"为买房而储蓄"，从而产生抑制消费的"挤出效应"。因此，本书将从"财富效应"与"为购房而储蓄"的储蓄动机两方面探究房价波动对中国城乡家庭储蓄的影响。

第三节 中国房地产市场发展、房价上涨及原因分析

一 房地产市场的发展历程

（一）计划经济阶段（1998年以前）

中华人民共和国成立初期，由于社会经济条件的制约，中国房地产市场长期处于停滞状态。直到20世纪80年代，中国房地产市场才逐渐兴起。1978—1991年为房地产投资恢复期，房地产投资主体由单

一的国家投资转向国家、企业和个体的多元投资。1992—1997年房地产业的银行信贷政策有了较大改善，投资规模迅速扩大。但是，1998年以前中国城镇居民住房实行的是计划经济条件下的"配给"制度，住房作为福利由国家统一分配，中国房地产市场实际并未启动。

（二）市场化改革阶段（1998—2003年）

1998年国务院下发了《国务院关于进一步深化城镇住房制度改革加快住房建设的通知》，要求停止住房实物分配，逐步实现住房分配货币化。中国房地产市场开始发生根本性的转变，整个行业进入一个全新的发展阶段。为促进国内消费市场全面发展，政府采取一系列政策刺激消费，推动房地产市场改革就是最为重要的一项举措。2003年之后，中国城镇化进程不断推进，住房需求不断激增，房地产业向市场化快速转移，房价也在不断攀升。与此同时，房屋空置率上升，房地产企业资金链断裂、烂尾楼等市场怪相不断涌现。为促进房地产市场健康发展，国务院颁布相关规定，但这一举措反而使得中国房价陡然上涨，房价增幅达到1998年以来最高。

（三）市场配置与政府调控结合阶段（2004—2018年）

房地产企业为获取超额利润推出精装修、大户型商品房，中低收入群体的住房需求得不到满足，房地产市场出现结构性失衡。为了抑制房地产市场过热炒作，2004年3月国土资源部和监察部联合发文提高拿地"门槛"。同年10月中国人民银行决定上调金融机构存贷款基准利率，这是央行10年来首次上调存款利率。2005年国务院先后出台新老"国八条"政策[1]，首次将稳定房价提高到政治高度。2006年国务院分别颁布"国六条"规定，明确提出促进房地产市场健康发展

---

[1] 老"国八条"政策——2005年3月国务院出台八点意见稳定房价：一是高度重视稳定住房价格；二是将稳定房价提高到政治高度，建立政府责任制；三是大力调控住房供给结构，调整用地供应结构，增加普通商品房和经济住房的土地供应，并督促建设；四是严格控制被动性住房需求，主要是控制拆迁数量；五是正确引导居民合理消费需求；六是全面监测房地产市场运行；七是积极贯彻调控住房供求的各项政策措施；八是认真组织对稳定住房价格工作的督促检查。新"国八条"政策——2005年5月国务院办公厅发出通知，转发建设部七部委《关于做好稳定住房价格工作的意见》，要求各地区、各部门要把解决房地产投资规模过大、价格上涨幅度过快等问题，作为当前加强宏观调控的一项重要任务。

的六项具体措施，政府调控从指导意见开始转向可操作性的具体措施。随后，国务院出台"90/70政策"对国六条进一步细化，并对商品房套型面积占比作出量化规定。

2008年国际金融危机使得中国房地产市场受到较大冲击，各地方政府纷纷出台救市政策，成都"地产新政10条"、西安"15条"、南京"20条"、杭州"24条"等，极大地促进了房地产市场的发展。在宽松的房地产政策的刺激下，2009年中国楼市出现大幅反弹，房价快速飙升，房地产宏观调控政策再次登上舞台。2009年和2010年分别出台"国四条"和"国十条"政策，中央颁布限制异地购房、二套房贷标准大幅提高等具体措施。2011年新"国八条"提高二套房首付比例和贷款利率，进一步落实地方政府责任。2012年住建部提出保证保障性安居工程的竣工率是2012年的重点工作，同时要继续加快个人住房信息系统建设，保证在2012年7月前实现40个主要城市的联网，企图从制度上弥补楼市调控与监管的"短板"。2013年"国五条"重申坚持执行以限购限贷为核心的调控政策，楼市调控趋向稳健中性的货币政策。

随着一系列房产宏观调控政策的落实，中国房地产市场处于低迷状态，各地初步出台救市方针试探中央政策的底线。2014年9月，在楼市趋冷的背景下，全国近50个大中城市实施近4年的限购政策全面松动。9月底央行出台房贷新政，对首套房和二套房贷款利率以及限贷令都有所放松。这是政府最有力度、最具强度的一次救市行为，本质上是要"去库存化"，立足于"自住性需求的市场化"，房地产行业步入政策调控的正向周期。2015年政府工作报告提出"因地施策、落实地方政府主体责任，支持居民自住和改善性住房需求，促进房地产市场平稳健康发展"。随后财政部、央行等部门陆续出台降低二套房的首付比例和部分房产交易税税率。

2015年宽松的货币政策使得全国房价呈现区域滚动上行态势，一线城市的房价上涨引燃全国的房地产市场。2016年7月中央政治局会议首次提出"抑制资产泡沫"，强调"住房不炒、因城施策"。2017年部分热门城市房地产调控政策力度加强，部分城市开始限售，限售城市逐渐由一、二线城市转向周边的三、四线城市。在中央政府提出"住房不炒、因城施策"的主基调下，本次房地产市场负向调控周期更长、力度更强。2018年7月中央政治局会议提出"坚决遏制房价上涨"，进一步表明了中央政府坚决调控房价的态度。2019年中央反复强调"住房不炒"，坚持对于楼市调控不放松的决心。

综上所述，自1998年房地产市场改革以来，中国房地产市场主要经历了由计划经济向市场经济过渡的阶段、市场经济向政府调控与市场配置相结合的阶段。在过去二十多年的房地产调控中，中国政府的房价调控手段越来越多样化，调控思路也从过去的"一刀切"转变为"因城施策"。同时更加注重建立多主体供给、多渠道保障、租购并举的住房制度，力图构建房地产市场平稳健康发展的长效机制。因此，只有在宏观调控的正确引导下，中国房地产业才能实现健康良性地发展。

二 房价波动及原因分析

（一）中国房价变动情况

如图3-8所示，自1998年中国房地产市场商品化改革以来，中国住房价格迅速上涨，2019年中国商品房平均销售价格是1998的4.5倍。结合中国房地产市场发展历程进行分析，1998—2003年中国房地产市场处于改革初期，房价小幅上涨，年均增长率为2.7%。伴随城镇化进程的不断推进，2003—2004年房价陡然上涨，年均增长率为17.8%。为抑制房价增长过快、维护房地产市场健康发展，2004—2006年国务院先后推出新老"国八条"、"国六条"以及"90/70政策"。随着紧缩的房地产调控政策出台，2004—2007年房价增速放缓，年均增长率为11.6%。2008年国际金融危机使得中国房地产市场陷入低迷，2007—2008年房价有所下跌，增速为负值。随后各地方政府纷纷出台救市政策，较大地促进了房地产市场的发展。在宽松的房地产政策刺激下，2009年中国楼市出现大幅反弹，2008—2009年房价增长率为23.2%。

由于房价快速飙升，房地产宏观调控政策再次登上舞台。2009年年底至2013年国务院多次出台紧缩的房地产政策，2010—2013年房价增速放缓，年均增长率为7.4%。随着一系列房地产宏观调控政策的落实，中国房地产市场处于低迷状态，各地初步出台救市方针，2014—2016年房价年均增速有所上涨为8.7%。2018年和2019年中央反复强调"坚决遏制房价上涨""住房不炒"，坚持对于楼市调控不放松的态度。在紧缩的房地产政策的影响下，2016—2019年房价增速有所放缓，年均增长率为7.6%。综上所述，1998—2019年中国房地产市场蓬勃发展，虽然政府多次进行有效调控，但房价逐年上涨且年均增长率达到7.4%。

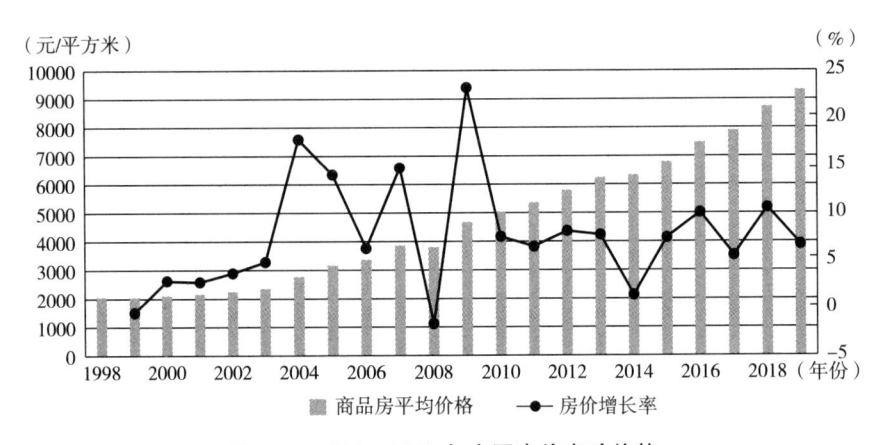

图3-8 1998—2019年中国房价变动趋势

（二）房价上涨的原因分析

前文根据中国房地产市场发展历程分析了中国房价的变动趋势，这里将进一步探究中国房价上涨的原因。国内外关于房价波动背后的影响因素分析，主要是从需求和供给两方面进行探讨。从需求层面来看，学者们通常选择从利率、人口结构、收入水平和住房性质等方面进行探讨（Mishkin，2007；赵波，2015；Mankiw and Weil，1989；徐建炜等，2012；Ortalo-Magne and Rady，2006）。从供给层面来看，学者们大多从房产存量、土地成本和土地管制、房产所处的地理位置及相应的公共服务等角度进行分析（Mayer et al.，2000；Ihlanfeldt，2007；平新乔和陈敏彦，2004；刘民权和孙波，2009；邵新建等，2012；Archer et al.，2005）。考虑到中国房地产市场的发展受到特殊

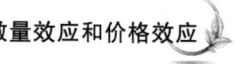

国情的影响,本书需要结合各阶段中国的发展目标探究房价持续上涨的背后原因。

1. 房价与城镇化进程的关系及影响

国内一些研究表明,城镇化进程对中国房价具有显著的推动作用(陈石清和朱玉林,2008;任木荣和刘波,2009)。图3-9给出1998—2019年中国商品房平均销售价格与城镇化率的变化情况,自1998年以来,中国房价与城镇化率逐年上涨,城镇化率由1998年的33.4%上涨至2019年的60.6%。1998—2007年是中国房地产业发展的"黄金十年",房价年均增长率为7.22%。与此同时,中国城镇化率平均每年上涨1.39%。由于2008年国际金融危机的影响,中国商品房平均销售价格有所下降,城镇化率增幅放缓,2007—2008年城镇化率上涨仅1.1%。2009年各地方政府纷纷出台救市政策,2008—2009年城镇化率上涨1.35%,房价增速上涨至23.18%。2010—2014年城镇化率增幅和房价增速均有所放缓,2015—2019年城镇化率增幅不断下降,而房价增长率依然居高不下。

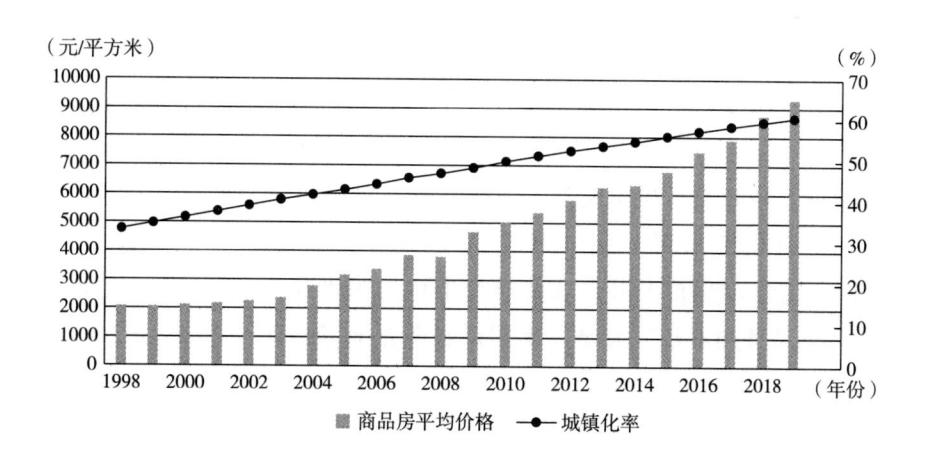

图3-9 1998—2019年中国房价和城镇化率变动趋势

资料来源:根据1998—2019年《中国统计年鉴》计算整理得到,下同。

常亮和贾金荣(2012)指出城镇化进程与房价之间存在一种复杂的双向、动态关系,城镇化水平对房价有显著正向影响,且城镇化水平对房价的影响在地区间存在差异，城镇化水平越高的地区，城镇化率对房价的边际影响越大。另外，房价增速过快也会影响中国城镇化进程的推进，当房价上涨超出当地经济发展水平和城镇化水平，过高的房价对城镇潜在进入者形成较高壁垒，使得城镇化成本加重，房价对城镇化进程有抑制作用（常亮和贾金荣，2012）。由此可见，在中国城镇化进程的前期阶段，城镇化率上涨使得城镇住房需求不断上涨，进而导致房地产市场供求关系偏紧，从而使得房价不断上涨。随着城镇化进程的不断推进，房价上涨使得消费者预期上涨，进而导致房价进一步攀升。过高的房价对城镇潜在进入者形成较高壁垒，使得城镇化成本加重，从而抑制城镇化进程发展。

2. 房价与土地财政和晋升机制的关系及影响

土地财政和晋升激励是地方政府推动房价上涨的两大动力源泉，地方官员为推动 GDP 和财政收入增长更倾向于扶持或引导资本投资房地产市场（王斌和高波，2011；朱英姿和许丹，2013；毛丰付和裘文龙，2013；雷根强和钱日凡，2014；李英利，2020）。1993 年国务院颁布《关于实行分税制财政管理体制的决定》，提出全国实行统一的分税制财政体制。地方政府财政中的财权和事权不对称，国家财权上收、事权下放，地方政府入不敷出。地方政府一方面通过市场方式提供基本公共服务，以减少公共支出；另一方面通过中国土地制度获取超额土地收益增加非税收入。地方政府面临晋升压力，房价持续上涨会给政府带来巨额的土地转让收入和税收收入，地方官员有动力维持甚至是推动房价上涨。这就会产生房价变化的"棘轮效应"，即房价出现"只升不跌"或者"大升小跌"的现象（王斌和高波，2011；朱英姿和许丹，2013）。

第四节 房价变化对家庭财产积累的影响

一 房价上涨加剧城镇家庭购房难度

1998 年以来，房价持续上涨加重了人们的生活负担，尤其是对于普通工薪阶层而言。吕康银和朱金霞（2016）指出中国工薪阶层能够购买住房的比例较低，房价上涨使得有房家庭财产快速积累，从而导致有房家庭和无房家庭财产积累差距不断扩大。根据国家统计局相关数据可知，1998—2019年工资性收入占家庭可支配收入的比重不断下降[①]。如图3-10所示，2000—2019年城镇单位就业人员平均工资增速放缓，2000—2007年城镇单位就业人员平均工资年均增长率为14.9%，2008—2019年城镇单位就业人员平均工资年均增长率下降至10.9%。对比同一时间段房价增速变化，2000—2007年商品房平均销售价格年均增长率为9.0%，2008—2019年商品房平均销售价格年均增长率为8.5%。相对于房价增速变化，城镇单位就业人员平均工资增速下降得更快。因此，这也能解释为什么在房价和收入均有所上涨的情况下，人们会感觉到购房压力不断加重。

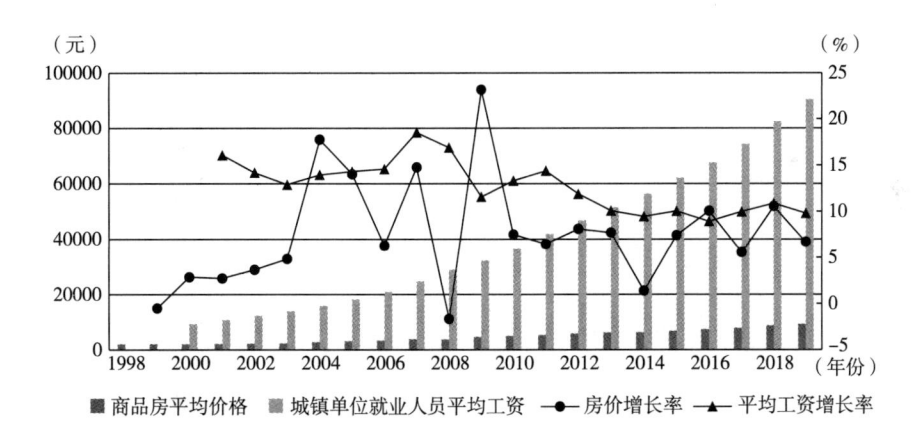

图3-10 1998—2019年中国房价和城镇单位就业人员平均工资变动趋势

考虑到各地房价涨幅不均衡，接下来将全国35个主要城市划分

[①] 1998—2012年城镇居民工资性收入占可支配收入的比重由76%下降至64%，2013—2019年城乡居民工资性收入占可支配收入的比重由57%下降至56%。注意：2013年起，国家统计局开展了城乡一体化住户收支与生活状况调查，2013年及以后数据来源于此项调查。与2013年前的分城镇和农村住户调查的调查范围、调查方法、指标口径有所不同。

为一线和二、三线城市，对比这些城市房价与平均工资的变化情况①。如表3-1所示，1999—2019年一、二线城市房价增速基本相同，但是一线城市平均工资增长率低于二线城市。这在一定程度上说明了1999—2019年一线城市购房难度高于二线城市。本书根据当年房价和平均工资水平测算购买一套90平方米住房需要几年。当所需要的年限越长，则意味着购房难度越高。1999—2004年一线城市购房难度有所下降，这主要是因为1999—2004年一线城市平均工资的增速高于房价的增速。随着房价骤增，2005—2007年一线城市购房难度加剧。2008年国际金融危机使得房价增速放缓，一线城市购房难度有所下降，但随着一系列救市政策的出台，房价再次攀升，一线城市购房难度加大，2018年一线城市购房难度达到史上最高。

表3-1　　1998—2019年主要城市的房价和平均工资变化

年份	一线城市 平均工资（元）	房价（元）	购房难度（年）	二线城市 平均工资（元）	房价（元）	购房难度（年）	三线城市 平均工资（元）	房价（元）	购房难度（年）
1998	11992			6433					
1999	13917	3349	21.7	7182	1080	13.5			
2000	15787	3386	19.3	8020	1077	12.1			
2001	18415	3561	17.4	9523	1133	10.7			
2002	20690	4030	17.5	10960	1889	15.5		1603	
2003	23755	4326	16.4	12425	2003	14.5		1681	
2004	27171	4840	16.0	14357	2223	13.9		1804	
2005	31269	5777	16.6	16630	2526	13.7		1984	
2006	36373	6813	16.9	20697	2866	12.5	21413	2235	9.4
2007	42023	9260	19.8	24329	3400	12.6	25300	2639	9.4
2008	48815	9393	17.3	28085	3686	11.8	29108	3045	9.4

---

①　一线城市包括北京、上海、广州、深圳和天津5个城市；二线发达城市包括大连、南京、杭州、宁波、厦门、济南、青岛、重庆、石家庄、太原、沈阳、长春、哈尔滨、福州、郑州、武汉、长沙、成都、西安、合肥、南昌、南宁和昆明23个城市；三线城市包括呼和浩特、海口、贵阳、兰州、西宁、银川和乌鲁木齐7个城市。

续表

年份	一线城市 平均工资（元）	房价（元）	购房难度（年）	二线城市 平均工资（元）	房价（元）	购房难度（年）	三线城市 平均工资（元）	房价（元）	购房难度（年）
2009	52583	11114	19.0	31890	4214	11.9	30972	3550	10.3
2010	59094	13790	21.0	36297	5064	12.6	35666	4441	11.2
2011	64224	13919	19.5	41432	5702	12.4	42008	4560	9.8
2012	71484	13886	17.5	46137	6040	11.8	48967	4993	9.2
2013	81147	15963	17.7	51187	6370	11.2	50646	5249	9.3
2014	85120	16504	17.5	56272	6423	10.3	55724	5438	8.8
2015	93209	20295	19.6	62055	7013	10.2	61237	5554	8.2
2016	101982	25823	22.8	68013	7412	9.8	65850	5843	8.0
2017	112302	28086	22.5	74876	8600	10.3	72798	6859	8.5
2018	124061	31870	23.1	83016	9878	10.7	82090	8150	8.9
2019	137567	33313	21.8	90429	10679	10.6	89579	9517	9.6

注：本表数据根据中国国家统计局官方网站提供的数据计算而得，平均工资是根据各个城市在岗职工平均工资计算的算术平均值，房价为各个城市住宅商品房销售价格的算术平均值。由于数据缺失，1998—2005年一线城市在岗职工平均工资是北京、天津和上海三个城市在岗职工平均工资的平均值，1999—2001年一线城市房价为北京、天津和上海三个城市在岗职工平均工资的平均值，1998—2005年二线城市在岗职工平均工资为重庆市在岗职工平均工资，1999—2001年二线城市房价为重庆市的房价。平均值并没有根据城市人口加权。

另外，这里还对比了1999—2019年一线城市和二、三线城市购房难度差异。1999年一线城市在岗职工购买一套90平方米住房需要花费21.7年，但是二线城市在岗职工只需要13.5年。2019年一线城市在岗职工购买一套90平方米住房需要花费21.8年，但是二线城市和三线城市的在岗职工分别只需要10.6年和9.6年。也就是说，1999年购买同样面积的住房，一线城市职工购房难度是二线城市的1.6倍。2019年购买同样面积的住房，一线城市职工的购房难度分别是二、三线城市的2.1倍和2.3倍。由此可见，经济发展程度越高的地区，城市在岗职工购房难度越高。相对于二、三线城市，1999—2019年一线城市购房难度不断加重。由此可见，工资性收入占比下降、收入不平等程度加剧和房价增长不均衡是导致城镇家庭购房难度加重的三个原因。接下来，本章将进一步探讨房价变化对家庭财产积累的影响。

二 房价上涨加速家庭住房财产积累

在不考虑通货膨胀的情况下，根据表3-2中城镇单位就业人员平均工资计算工资性收入的财富积累，2000—2019年的工资性收入总额平均为797128元，如果城镇单位就业人员将工资总额全部用于买房，在2019年只能购买85平方米左右的住房。如果居民在2000年购买一套85平方米住房，其住房到2019年将实现611830元财产增长，其财产增加是一个城镇居民20年全部工资总额的0.77倍。如果居民在2000年购买一套110平方米住房，其住房到2019年将实现791780元财产增长，其财产增加基本与城镇居民20年全部工资总额持平。需要注意的是，这里假定居民平均工资为城镇单位就业人员平均工资，而城镇单位就业人员的平均工资相对于其他人群更高，因此，居民平均工资性收入是被高估的。相对于工资性收入来说，随着商品房销售价格不断上涨，房产拥有者的财产迅速上涨，而这种住房财产的增长远超过工资性收入的增长。

表3-2　2000—2019年房价和城镇单位就业人员平均工资变化

年份	商品房平均价格（元/平方米）	城镇单位就业人员平均工资（元）	商品房销售面积（万平方米）	城镇人口（万人）	城镇购房家庭比例（%）
2000	2112	9333	18637	45906	1.4
2001	2170	10834	22412	48064	1.6
2002	2250	12373	26808	50212	1.8
2003	2359	13969	33718	52376	2.1
2004	2778	15920	38232	54283	2.3
2005	3168	18200	55486	56212	3.3
2006	3367	20856	61857	58288	3.5
2007	3864	24721	77355	60633	4.3
2008	3800	28898	65970	62403	3.5
2009	4681	32244	94755	64512	4.9
2010	5032	36539	104765	66978	5.2

续表

年份	商品房平均价格（元/平方米）	城镇单位就业人员平均工资（元）	商品房销售面积（万平方米）	城镇人口（万人）	城镇购房家庭比例（%）
2011	5357	41799	109367	69079	5.3
2012	5791	46769	111304	71182	5.2
2013	6237	51483	130551	73111	6.0
2014	6324	56360	120649	74916	5.4
2015	6793	62029	128495	77116	5.6
2016	7476	67569	157349	79298	6.6
2017	7892	74318	169408	81347	6.9
2018	8726	82413	171465	83137	6.9
2019	9310	90501	171558	84843	6.7

三 房价上涨扩大家庭住房财产差距

根据表3-3可知，2000年商品房销售面积为18737万平方米，假设每套住房的面积为90平方米，每个家庭有一套住房，在不考虑重复购买的前提下，2000年购房家庭为207万户。根据《中国统计年鉴》数据，城镇家庭平均人口数为3人，那么2000年购房家庭占城镇家庭的1.4%。同样可以测算出2001—2019年各年购房家庭的比重变化，2000—2007年购房家庭比重不断上升，2008年受到国际金融危机的影响，购房家庭比重下降至3.5%，随后购房家庭比重又有所上升，2016—2019年购房家庭比重平均为6.8%。整体而言，2000—2019年中国城镇购房家庭占比呈现上涨趋势，但是总体水平较低。因此，随着房价不断上涨，只有小部分富裕家庭具备购房能力，而那些没有购房能力的家庭不仅要承担房价上涨带来的居住成本压力，还会进一步拉大与有能力购房的家庭财产积累差距。

表3-3　　　　1998—2019年商品房价格及其价值增值情况

年份	商品房平均价格（元/平方米）	商品房价值（元/90平方米）	商品房价值增长率（%）	商品房价格到2019年的增加值（元/90平方米）
1998	2063	185670		652230
1999	2053	184770	-0.48	653130
2000	2112	190080	2.87	647820

续表

年份	商品房平均价格（元/平方米）	商品房价值（元/90平方米）	商品房价值增长率（%）	商品房价格到2019年的增加值（元/90平方米）
2001	2170	195300	2.75	642600
2002	2250	202500	3.69	635400
2003	2359	212310	4.84	625590
2004	2778	250020	17.76	587880
2005	3168	285089	14.03	552811
2006	3367	303011	6.29	534889
2007	3864	347751	14.77	490149
2008	3800	342000	-1.65	495900
2009	4681	421290	23.18	416610
2010	5032	452880	7.50	385020
2011	5357	482139	6.46	355761
2012	5791	521189	8.10	316711
2013	6237	561330	7.70	276570
2014	6324	569160	1.39	268740
2015	6793	611370	7.42	226530
2016	7476	672840	10.05	165060
2017	7892	710280	5.56	127620
2018	8726	785340	10.57	52560
2019	9310	837900	6.69	0

这里根据1998—2019年商品房价格计算每年一套90平方米商品房的价值，然后将这个值与2019年计算出的价值进行比较，可以得出当年购买住房的家庭因拥有住房而带来的财富增加值。如表3-3所示，在不考虑通货膨胀以及房屋折旧对房价的影响，一套90平方米住房到2019年价值增加值逐年下降，这说明越早拥有住房的家庭其财富增加值越大。1998年拥有一套90平方米住房的家庭，其财富增加值是2018年拥有同样面积住房家庭财富增加值的12.4倍。2008年拥有一套90平方米住房的家庭，其财富增加值是2018年拥有同样面积住房家庭财富增加值的9.4倍。由此可见，随着中国房地产价格不

断攀升,房价上涨扩大有房家庭和无房家庭、早买房家庭和晚买房家庭的住房财产差距。

四 房产不平等加剧家庭财产不平等

上文根据国家统计局相关数据探究了房价上涨对住房财产积累的影响,一方面房价上涨加速家庭住房财产积累,另一方面房价上涨扩大有房家庭和无房家庭住房财产差距。这里将使用2010—2016年中国家庭追踪调查数据(CFPS)进一步分析房产不平等对家庭财产不平等的贡献度。表3-4给出2010年和2016年分项财产不平等对家庭净财产不平等的贡献度,2010—2016年中国家庭净财产不平等程度加剧,家庭净财产不平等的基尼系数由2010年的0.63上升至2016年的0.69。2010—2016年城镇家庭净财产不平等程度加剧,农村家庭净财产不平等程度缩小。从分项财产来看,房产净值占家庭净财产的比重最高,房产不平等对家庭财产不平等的贡献度高达80%以上。由此可见,房产不平等对中国城乡家庭财产不平等的贡献度最高。

表3-4 2010年和2016年城乡家庭财产差距分解

全样本	2010年			2016年		
	分项财产占比(%)	集中率/基尼系数	贡献率(%)	分项财产占比(%)	集中率/基尼系数	贡献率(%)
土地价值	8	0.76	2	4	0.85	1
房产净值	78	0.69	83	78	0.74	80
金融财产	6	0.88	6	11	0.81	10
经营性财产	2	1.00	2	3	0.98	4
其他财产	9	0.78	7	6	0.76	5
非房贷款	-2	-0.92	0	-2	-0.94	0
家庭净财产	100%	0.63	100	100	0.69	100

城镇样本	2010年			2016年		
	分项财产占比(%)	集中率/基尼系数	贡献率(%)	分项财产占比(%)	集中率/基尼系数	贡献率(%)
土地价值	—			—		
房产净值	86	0.63	86	82	0.71	83

续表

城镇样本	2010年			2016年		
	分项财产占比（%）	集中率/基尼系数	贡献率（%）	分项财产占比（%）	集中率/基尼系数	贡献率（%）
金融财产	6	0.84	6	12	0.78	10
经营性财产	2	0.99	3	3	0.97	2
其他财产	7	0.80	6	6	0.75	4
非房贷款	-1	-0.96	0	-1	-0.95	0
家庭净财产	100	0.62	100	100	0.68	100

农村样本	2010年			2016年		
	分项财产占比（%）	集中率/基尼系数	贡献率（%）	分项财产占比（%）	集中率/基尼系数	贡献率（%）
土地价值	22	0.60	12	14	0.71	9
房产净值	65	0.65	70	67	0.65	68
金融财产	5	0.88	5	10	0.79	8
经营性财产	2	1.00	2	5	0.99	7
其他财产	11	0.75	11	8	0.74	7
非房贷款	-4	-0.90	0	-4	-0.91	1
家庭净财产	100	0.63	100	100	0.60	100

注：若集中率小于家庭净财产基尼系数，表示该项财产来源在低财产家庭组的占比相对较高；若集中率为负，表示该项财产来源的绝对数在低财产家庭相对较高，能够更大化地缩小财产不平等。

第五节 中国家庭财产积累分解：数量效应和价格效应

一 乘法分解

本节将根据世界财富与收入数据库（WID）所提供的中国财产、收入和储蓄数据进行分析，并参照 Piketty 等（2019）提出的财富分解方法对短期和长期中国家庭财产积累进行分解。由于 WID 仅提供

1992—2014年家庭储蓄,本书无法分解出1992年之前由储蓄引致的家庭财产增长率。因此,接下来分析1993年以来中国家庭财产积累的数量效应和价格效应变化。

(一) 短期财产积累的数量效应和价格效应

具体的测算步骤如下:

$$g_t = Y_t/Y_{t-1} - 1 \tag{3-1}$$

g_t为$t-1$期至t期国民收入增长率,Y_t为t期国民收入,Y_{t-1}为$t-1$期国民收入。

$$g_{wt} = W_t/W_{t-1} - 1 \tag{3-2}$$

g_{wt}为$t-1$期至t期家庭财产增长率,W_t为t期家庭财产,W_{t-1}为$t-1$期家庭财产。

$$s_t = S_t/Y_t \tag{3-3}$$

s_t为t期家庭储蓄率,S_t为t期家庭储蓄,Y_t为t期国民收入。

$$g_{wst} = s_{t-1}/\beta_{t-1} \tag{3-4}$$

g_{wst}为$t-1$期至t期由储蓄引致的财产增长率,β_{t-1}为$t-1$期家庭财产与国民收入的比值。

$$q_t = \frac{1+g_{wt}}{1+g_{wst}} - 1 \tag{3-5}$$

q_t为$t-1$期至t期由资本相对价格变化引起的财产增长率,$t-1$期至t期财产积累的数量效应(Quantity Effect,QE)和价格效应(Price Effect,PE)估算如下:

$$QE = \frac{g_{wst}}{g_{wst}+q_t}, \quad PE = \frac{q_t}{g_{wst}+q_t} \tag{3-6}$$

根据上述测算步骤,可以得到1993—2015年各年份中国家庭财产积累的数量效应和价格效应。如表3-5所示,1998年之前各年份中国家庭财产积累的数量效应和价格效应变化差异较大。1998—2007年价格效应不断提高,由1998年的38%上升至2007年的67%。2008年国际金融危机以来,各年份财富积累的数量效应和价格效应波动较大。

表 3-5　短期中国家庭财产积累的数量效应和价格效应　　单位:%

年份	g_t 国民收入增长率	g_{wt} 家庭财产增长率	s_t 储蓄率	g_{wst} 储蓄引致的财产增长	q_t 资本相对价格引起的财产增长	QE 数量效应	PE 价格效应
1992	12.5	20.3	23.9				
1993	2.9	13.9	21.7	11.6	2.1	85	15
1994	6.6	5.0	26.8	9.5	−4.1	175	−75
1995	3.1	6.2	24.3	11.9	−5.0	174	−74
1996	6.0	12.9	25.5	10.4	2.3	82	18
1997	4.3	17.6	26.8	10.3	6.6	61	39
1998	4.8	16.0	26.6	9.6	5.9	62	38
1999	4.6	12.7	24.1	8.6	3.8	69	31
2000	3.0	10.8	20.5	7.2	3.3	69	31
2001	8.6	9.7	20.5	5.7	3.7	60	40
2002	10.8	15.3	20.4	5.7	9.1	38	62
2003	9.8	14.8	22.1	5.4	8.9	38	62
2004	11.4	13.2	21.9	5.6	7.2	44	56
2005	10.8	16.5	22.2	5.5	10.5	34	66
2006	14.3	14.1	23.4	5.3	8.4	39	61
2007	16.0	17.3	24.8	5.6	11.1	33	67
2008	9.4	9.8	25.3	5.8	3.7	61	39
2009	10.3	14.3	26.0	5.9	7.9	43	57
2010	9.6	15.7	26.6	5.9	9.3	39	61
2011	8.6	6.8	25.3	5.7	1.0	85	15
2012	9.4	10.1	25.3	5.5	4.4	56	44
2013	10.3	12.3	23.9	5.5	6.5	46	54
2014	10.0	9.7	23.6	5.1	4.4	53	47
2015	6.8	10.7		5.0	5.4	48	52

(二) 长期财产积累的数量效应和价格效应

考虑到短期财产积累分解容易受到异常值的影响，很难准确地反映出财产积累的数量效应和价格效应差异。接下来，本书将考察储蓄和资本相对价格对长期财产积累的影响，具体测算步骤如下：

$$g=(Y_{t+n}/Y_t)^{\wedge}(1/n)-1 \tag{3-7}$$

其中，g 为 t 期至 $t+n$ 期国民收入年均增长率，Y_t 为 t 期国民收入，Y_{t+n} 为 $t+n$ 期国民收入。

$$g_w=(W_{t+n}/W_t)^{\wedge}(1/n)-1 \tag{3-8}$$

g_w 为 t 期至 $t+n$ 期家庭财产年均增长率，W_t 为 t 期家庭财产，W_{t+n} 为 $t+n$ 期家庭财产。

$$s=\sum_{i=0}^{n-1}S_{t+i}/\sum_{i=0}^{n-1}Y_{t+i} \tag{3-9}$$

s 为 t 期至 $t+n$ 期家庭平均储蓄率，S_{t+i} 为 $t+i$ 期家庭储蓄，Y_{t+i} 为 $t+i$ 期家庭收入。

$$g_{ws}=\prod_{i=1}^{n}(1+g_{wst+i})^{\wedge}(1/n)-1 \tag{3-10}$$

g_{ws} 为 t 期至 $t+n$ 期由储蓄引致的家庭财产年均增长率。

$$q=\prod_{i=1}^{n}(1+q_{t+i})^{\wedge}(1/n)-1 \tag{3-11}$$

q 为资本相对价格变化引起的财产年均增长率，t 期至 $t+n$ 期财产积累的数量效应（Quantity Effect，QE）和价格效应（Price Effect，PE）估算如下：

$$QE=\frac{g_{ws}}{g_{ws}+q},\ PE=\frac{q}{g_{ws}+q} \tag{3-12}$$

表 3-6 给出不同时段中国家庭财产积累的乘法分解结果，1993—2015 年中国家庭财产积累的数量效应和价格效应分别为 57% 和 43%。也就是说，1978—2015 年储蓄（数量效应）可以解释中国家庭财产积累的 57%，而资本相对价格（价格效应）可以解释剩余的 43%。为了进一步讨论不同阶段中国家庭财产积累数量效应和价格效应差异，这里还根据重大事件节点划分时间段进行分析。结果发现，价格效应的解释力度与房价波动存在正相关性。

对比 1998 年房改前后各五年（1993—1998 年和 1999—2004 年）家庭财产积累的分解结果发现，房改后中国家庭财产积累的价格效应由 1993—1998 年的 9% 上涨至 1999—2004 年的 52%。对比 2008 年金融危机前后各五年（2003—2008年和2009—2014年）家庭财产积累的分解结果发现，国际金融危机之后中国家庭财产积累的价格效应由2003—2008年的59%下降至2009—2014年的48%。1998—2008年房改后房地产市场发展的"黄金十年"，中国家庭财产积累的数量效应和价格效应分别为46%和54%。

表3-6　　　　长期中国家庭财产积累的数量效应和价格效应　　　　单位：%

年份	家庭财产积累—乘法分解						
	g	g_w	s	g_{ws}	q	QE	PE
	国民收入年均增长率	家庭财产年均增长率	家庭平均储蓄率	储蓄引致的财产增长	资本相对价格引起的财产增长	数量效应	价格效应
1993—1998年	5.0	11.5	25.1	10.3	1.0	91	9
1999—2004年	8.7	12.7	21.5	5.9	6.4	48	52
2003—2008年	12.4	14.2	23.1	5.6	8.1	41	59
2009—2014年	9.5	10.9	20.1	5.5	5.1	52	48
1998—2008年	9.8	13.4	22.8	6.0	6.9	46	54
1993—2015年	8.5	12.3	24.2	6.8	5.1	57	43

二　加法分解

与乘法分解不同，加法分解中的数量效应为新增储蓄引致的财产积累份额。根据Piketty和Zucman（2014）提出财富积累的加法分解方法，$t-1$到t期财产积累主要来自以下三部分：初始财富、新增储蓄和资本所得。

（一）短期财产积累的数量效应和价格效应

给定$t-1$期和t期家庭财产和国民收入、$t-1$至t期私有储蓄，财产积累的初始财富效应（Initial Wealth Effect，IWE）、数量效应（Quantity Effect，QE）和价格效应（Price Effect，PE）测算如下：

$$\beta_t = \beta_{ini} + \beta_{sav} + \beta_{kg} \tag{3-13}$$

$\beta_t = W_t/Y_t$指t期家庭财产占国民收入的比重，$\beta_{ini} = W_{t-1}/Y_t$指财产积累来自初始财富，$\beta_{sav} = S_{t-1,t}/Y_t$和$\beta_{kg} = KG_{t-1,t}/Y_t$指财产积累分别来自新增储蓄和资本所得。

$$\beta_{kg} = \beta_t - \beta_{ini} - \beta_{sav} \qquad (3-14)$$

最终，财产积累的初始财富效应（Initial Wealth Effect, IWE）、数量效应（Quantity Effect, QE）和价格效应（Price Effect, PE）的等式为：

$$1 = \frac{\beta_{ini}}{\beta_t} + \frac{\beta_{sav}}{\beta_t} + \frac{\beta_{kg}}{\beta_t} \qquad (3-15)$$

表 3-7 给出了 1978—2015 年各年份中国家庭财产积累的加法分解结果，从短期来看，1993—2015 年初始财富可以解释各年份私有财富与国民收入之比的 85% 以上，新增储蓄可以解释中国家庭财产与国民收入之比的 5%—10%，资本相对价格只能解释中国家庭财产与国民收入之比的 10% 以内。

表 3-7　短期中国家庭财产积累的初始财富效应、数量效应和价格效应　　单位:%

年份	β_t 家庭财产/国民收入	β_{ini} 初始家庭财产/期末国民收入	β_{sav} 新增储蓄/期末国民收入	β_{kg} 资本所得/期末国民收入	IWE 初始财富效应	QE 数量效应	PE 价格效应
1992	207.1	172.1					
1993	229.2	201.2	23.3	4.7	88	10	2
1994	225.8	215.0	20.4	-9.6	95	9	-4
1995	232.6	219.0	26.0	-12.3	94	11	-5
1996	247.9	219.5	22.9	5.5	89	9	2
1997	279.5	237.6	24.5	17.4	85	9	6
1998	309.4	266.6	25.5	17.3	86	8	6
1999	333.6	295.9	25.4	12.3	89	8	4
2000	358.7	323.9	23.4	11.5	90	7	3
2001	362.4	330.4	18.9	13.1	91	5	4
2002	377.1	327.1	18.5	31.6	87	5	8
2003	394.5	343.6	18.6	32.3	87	5	8
2004	401.0	354.3	19.9	26.8	88	5	7

续表

年份	短期家庭财产积累—加法分解						
	β_t	β_{ini}	β_{sav}	β_{kg}	IWE	QE	PE
	家庭财产/国民收入	初始家庭财产/期末国民收入	新增储蓄/期末国民收入	资本所得/期末国民收入	初始财富效应	数量效应	价格效应
2005	421.6	361.8	19.8	40.1	85	5	10
2006	420.9	368.7	19.5	32.6	87	5	8
2007	425.6	363.0	20.2	42.5	85	5	10
2008	427.0	388.9	22.7	15.4	91	5	4
2009	442.6	387.3	22.9	32.4	88	5	7
2010	467.4	403.9	23.7	39.8	86	5	9
2011	459.6	430.5	24.5	4.7	94	5	1
2012	462.7	420.3	23.1	19.3	91	5	4
2013	471.2	419.7	22.9	28.6	89	5	6
2014	470.3	428.5	21.8	20.0	91	5	4
2015	487.3	440.4	22.1	24.8	90	5	5

(二) 长期家庭财产积累的数量效应和价格效应

这里将财产积累的时期扩展 n 期，考察 t 到 $t+n$ 期财产积累的加法分解形式，来自初始财富的部分可表达为：

$$\beta_{ini} = W_t / Y_{t+n} \tag{3-16}$$

财产积累中来自储蓄的部分可表达为：

$$\beta_{sav} = \sum_{i=0}^{n-1} S_{t+i} / Y_{t+n} \tag{3-17}$$

财产积累分别来自资本所得的部分可表达为：

$$\beta_{kg} = \beta_{t+n} - \beta_{ini} - \beta_{sav} \tag{3-18}$$

最终，财产积累的初始财富效应（Initial Wealth Effect，IWE）、数量效应（Quantity Effect，QE）和价格效应（Price Effect，PE）的等式为：

$$1 = \frac{\beta_{ini}}{\beta_{t+n}} + \frac{\beta_{sav}}{\beta_{t+n}} + \frac{\beta_{kg}}{\beta_{t+n}} \tag{3-19}$$

根据表3-8分解结果所示，1993—1998年中国家庭财产与收入之比上涨至309.4%，初始财富效应为58%，数量效应（由新增储蓄引致的财产积累）为35%，价格效应（由资本相对价格变化引致的财产积累）为7%。1993—2015年中国国民财富与收入之比上涨至487.3%，初始财富效应为8%，数量效应为45%，价格效应为47%。随着时间推移，中国家庭财产与收入之比不断上升。当跨越的时间越长，初始财富对中国家庭财产积累的影响越来越小，而储蓄和资本相对价格对中国家庭财产积累的影响越来越大。

表3-8　　　　长期中国家庭财产积累的初始财富效应、
　　　　　　　数量效应和价格效应　　　　　　　　单位：%

	家庭财产积累—加法分解						
	β_t	β_{ini}	β_{sav}	β_{kg}	IWE	QE	PE
	家庭财产/国民收入	初始家庭财产/期末国民收入	新增储蓄/期末国民收入	资本所得/期末国民收入	初始财富效应	数量效应	价格效应
1993—1998年	309.4	179.9	109.3	20.3	58	35	7
1999—2004年	401.0	220.3	81.6	99.1	55	20	25
2003—2008年	427.0	220.3	82.5	124.2	52	19	29
2009—2014年	470.3	280.6	96.6	93.1	60	20	20
1998—2008年	427.0	121.5	131.3	174.2	28	31	41
1993—2015年	487.3	38.0	220.0	229.3	8	45	47

对比1998年房改前后各五年（1993—1998年和1999—2004年）中国家庭财产积累的分解结果，初始财富效应和数量效应有所下降，而价格效应有所上升。中国家庭财产积累的价格效应由1993—1998年的7%上升至1999—2004年的25%。对比2008年国际金融危机前后各五年（2003—2008年和2009—2014年）家庭财产积累的分解结果，初始财富效应和数量效应有所上升，而价格效应有所下降。中国家庭财产积累的价格效应由2003—2008年的29%下降至2009—2014年的20%。与前文家庭财产积累的乘法分解结果一致，价格效应的解释力度与房价波动存在正相关性。这可以解释1998年房改之后家庭财产积累的价格效应增加，而2008年国际金融危机之后家庭财产积

累的价格效应减少。

第六节 本章小结

皮凯蒂最先使用财富收入比作为贫富差距的度量标准，并指出财富积累主要来源于两方面，一方面是收入通过储蓄转化为财产，另一方面是资本相对价格的变动导致现有财产价值的变化。基于 Piketty 和 Zucman（2014）提出的分解方法将中国家庭财产积累分解为数量效应（储蓄）和价格效应（资本损益），从而将储蓄和资本相对价格与家庭财产积累联系起来。本书使用世界财富与收入数据（WID）分析发现，1978—2015 年中国家庭财产份额不断上升，由 1978 年的 30% 上升至 2015 年的 70%。由此可见，中国家庭财产积累对整个社会财产积累的重要性不断提高，探究中国家庭财产积累问题具有很强的现实意义。结合分项财产和房价变化分析发现，1978—2015 年家庭财产占比不断提高主要归因于住房价值占比的不断提高。一方面是由于住房体制改革导致家庭住房比重不断上升，使得家庭住房拥有量不断提高。另一方面是房价的不断攀升，使得家庭住房价值也不断提高。

Piketty 等（2019）指出 1978—2015 年储蓄（数量效应）可以解释中国国民财富积累的 60%，而资本相对价格（价格效应）则可以解释剩余的 40%。本书将在 Piketty 和 Zucman（2014）、Piketty 等（2019）的研究基础上，探究中国家庭财产积累的数量效应和价格效应差异，1993—2015 年中国家庭财产积累的数量效应和价格效应分别为 57% 和 43%。这与 Piketty 等（2019）对国民财产积累的分解结果一致，这说明中国家庭财产积累在一定程度上可以解释国民财富积累问题。本书还采用加法分解进行分析，当跨越的时间越长，初始财富对家庭财产积累的影响越小，而储蓄和资本相对价格对家庭财产积累的影响越大。为了进一步讨论不同阶段中国家庭财产积累的数量效应和价格效应差异，本书还根据重大事件节点划分时间段进行分析。结果发现，财产积累的价格效应与房价波动正相关。这可以解释 1998 年房改之后家庭财产积累的价格效应增加，而2008年国际金融危机之后家庭财产积累的价格效应减少。

综上所述，中国家庭财产积累主要来自储蓄和资本相对价格变动。一方面较高的储蓄率对应较高的固定资本形成率，从而促进财产总量快速上涨；另一方面价值重估效应——土地增值、股票、房地产价格上涨等因素使得存量财产的市场价值上升。一些实证研究表明预防性储蓄占家庭总储蓄的比重较高，且预防性储蓄动机是家庭进行储蓄抉择的重要原因。中国家庭财产扩张的主要动力源于非金融财产，而住房财产占非金融财产的比重超过90%。相对于其他资本相对价格的变动，住房价格上涨对中国家庭财产价值重估的影响更大。接下来，本书将从预防性储蓄与房价波动两方面探究数量效应和价格效应对中国家庭财产积累的影响及贡献度。

第四章

中国城乡家庭预防性储蓄行为研究：理论与实证

关于居民储蓄动机的研究大多基于预防性储蓄理论。该理论最先由 Leland（1986）所提出，并将预防性储蓄定义为"由于未来收入不确定性而产生的额外储蓄"。通过构建一个简单的两期模型，探讨收入不确定性对消费和储蓄的影响。随后，Zeldes（1989）和 Caballero（1990）将预防性储蓄理论中的两期模型扩展到多期模型，并提出预防性储蓄增加是对收入不确定性方差增加及持续程度的反映。国外文献大多采用以下三种方式探究预防性储蓄动机的存在性：一部分学者探究不确定性对消费的影响（Guiso et al., 1992；Dynan, 1993；Lugilde et al., 2018）；另一部分学者直接分析储蓄方程中不确定性因素的影响（Skinner, 1988；Mody et al., 2012）；还有一些学者分析不确定性对家庭（或国家）财富积累的影响（Lusardi, 2000；Fuchs-Schundeln and Matthias; 2005）。

国内关于预防性储蓄动机的研究大多基于 Dynan（1993），从消费者预期效用最大化模型出发，并对效用函数中反映预防性储蓄强度的参数即相对谨慎系数进行估计。但是由于选取的时间段、变量设定和计量方法不同，结论差异较大（施建淮和朱海婷，2004；易行健等，2008；施建淮和朱海婷，2004；凌晨和张安全，2012；张安全和凌晨，2015）。不同于国外的研究，国内关于预防性储蓄动机的实证研究大多基于省级面板数据（宏观数据）。这是由于相对于微观数据，宏观数据时间跨度长且连续，可以克服微观数据在时间维度上的缺点。但是，忽视了个体异质性对消费决策的影响。微观调查数据中包含更多的信息，可以结合家庭经济和金融状况评估收入不确定性对不同家庭储蓄决策的影响。

考虑到中国特有的城乡二元结构特点，城乡居民预防性储蓄动机可能有所差异。本章将利用 2010—2016 年中国家庭追踪调查数据（China Family Panel Studies，CFPS）进行分析，考察收入不确定性对中国城乡家庭消费和储蓄决策的影响。相对于国内现有研究，本章的边际贡献在于：第一，使用微观追踪调查数据对中国城乡家庭预防性储蓄行为进行分析。发现了支持预防性储蓄动机存在的新证据，即收入不确定性对家庭储蓄有显著正向影响。第二，同时考察收入不确定性和劳动力市场不确定性对中国城乡家庭储蓄的影响。第三，从收入、储蓄以及生命周期等多个视角探究预防性储蓄的作用机制。本章剩余部分结构如下：第一节为理论模型。第二节为数据、变量及统计描述。第三节为计量模型与实证分析。第四节为稳健性检验。第五节预防性储蓄的机制分析。第六节为本章小结。

第一节 理论模型

预防性储蓄理论的学术前沿不断向前推进，其中一类研究是将经典文献中关于风险的来源从一种拓展至多种。Skinner（1988）基于生命周期模型考虑利率和收入风险，并推导出一个明确的不确定性溢价。通过数值模拟发现，利率不确定性对预防性储蓄的影响较小，预防性储蓄主要取决于收入不确定性（Skinner，1988）。因此，本书仅考虑由于收入不确定性所引起的预防性储蓄。

国外关于预防性储蓄模型的研究大多以个体为决策单位。结合中国的文化背景，家庭成员间的关系相比西方国家更加紧密。在中国，家庭通常才是经济活动的最小单位，居民消费行为大多以家庭为单位进行，家庭消费具有消费品共同使用、消费支出统一安排的特征（雷震和张安全，2013）。因此，本书将以家庭为单位构造理论模型并对此进行实证研究。本章基于 Caballero（1990）的理论模型，为了简化分析，假定每一个家庭的人口结构相同且保持一致，并且家庭总效用是分离可加的，即家庭总效用是家庭成员的效用之和。那么家庭总效用最大化等价于家庭代表性成员的效用最大化。

考虑一个无限生命期的代表性消费者作为家庭决策者对每一期的家庭消费—储蓄进行抉择。家庭效用最大化问题可以写成：

$$\max_{c_{t+i}} E_t \left[\sum_{i=0}^{\infty} (1+\delta)^{-i} U(c_{t+i}) \right]$$
$$s.t.\ c_{t+i} = y_{t+i} + (1+r) w_{t+i-1} - w_{t+i}$$
$$s_{t+i} = y_{t+i} - c_{t+i} \tag{4-1}$$

其中，E_t 为条件期望，δ 为折现率，U 为瞬时效用函数，c 为家庭消费，y 为家庭收入，w 为家庭财产，r 为利率，s 为储蓄。求解上述最优化消费函数是一项非常困难的任务，因为在效用函数和收入分布的一般形式下，该函数没有一个封闭的形式解。为了克服这一困难，必须对收入分布和效用函数形式进行简化假设。参照 Caballero（1990）和 Guiso 等（1992）的两个基本假设：一是收入服从随机游走分布，二是效用函数为恒定的绝对风险厌恶（指数效用函数）。在这两个假设条件下可以推导出上述消费最优化问题的一个封闭解。

假设一：家庭收入服从随机游走：

$$y_{t+i} = k y_{t+i-1} + (1-k) \hat{y} + \varepsilon_t$$

家庭收入由收入的确定性部分 $\hat{y}$ 与随机变化（收入的不确定性部分）ε_t 共同决定。均服从独立同分布，均值为 0，方差为 σ^2。k 表示前一期收入的持续程度。

假定二：效用函数为指数效用函数：

$$U(C_t) = -\frac{1}{\theta} e^{-\theta C_t}$$

这里 θ 为风险规避系数，为了便于说明，假设利率为常数，且等于折现率。综合上述信息，家庭代表性消费者最大化效用的优化问题为：

$$\max_{C_{t+i}} E_t \left[\sum_{i=0}^{\infty} (1+\delta)^{-i} e^{-\theta C_{t+i}} \right]$$

s. t. $w_{t+i} = (1+r)w_{t+i-1} + y_{t+i} - c_{t+i}$

$$y_{t+i} = k y_{t+i-1} + (1-k)\hat{y} + \varepsilon_{t+i} \tag{4-2}$$

Guiso 等（1992）给出消费的最优解由两部分组成：一是确定性下消费的等价水平；二是预防性储蓄。

$$c_{t+i} = \frac{R}{R-k}\left(y_{t+i} + \frac{1-k}{R-1}\hat{y} + w_{t+i}\right) - \Pi/R \tag{4-3}$$

这里，$R = 1+r$，等式（4-3）右侧第一项为收入确定情况下的最优消费水平，也可以看作是永久性收入对消费的影响。第二项 Π 为收入冲击对储蓄的影响即预防性储蓄部分。

$$\Pi = \frac{R-k}{\theta R} \log(E_t e^{-\frac{\theta R}{R-k}\varepsilon})$$

如果方程（4-2）的解存在，那么该解必须满足欧拉方程（Caballero，1990）：

$$e^{-\theta C_t} = E_t e^{-\theta C_{t+1}}$$

当收入冲击服从正态分布时，Π 可以简化为：

$$\Pi = \frac{\theta R}{R-k}\sigma^2$$

由此可见，预防性储蓄部分随收入冲击方差 σ^2、收入持续性 k 以及谨慎性程度 θ 的上升而上升。本章主要探究收入不确定性对家庭储蓄的影响，式（4-3）可以写成：

$$\begin{aligned} s_{t+i} &= y_{t+i} - \frac{R-1}{R-k}\left(y_{t+i} + \frac{1-k}{R-1}\hat{y} + w_{t+i}\right) + \Pi/R \\ &= \frac{R-1}{R-k}\left(\frac{1-k}{R-1}y_{t+i} - \frac{1-k}{R-1}\hat{y} - w_{t+i}\right) + \Pi/R \\ &= \frac{1-k}{R-k}\left(y_{t+i} - \hat{y} - \frac{R-k}{1-k}w_{t+i}\right) + \Pi/R \end{aligned} \tag{4-4}$$

式（4-4）第一项为收入确定性下的储蓄（即永久性收入对储蓄的影响），第二项为收入不确定性下的储蓄（即预防性储蓄）。因此，本章接下来将利用2010—2016年CFPS面板数据探究永久性收入和收入不确定性对家庭储蓄的影响。

第二节 数据、变量和统计描述

一 数据说明

本章数据来自2010—2016年中国家庭追踪调查（China Family Panel Studies，CFPS），该调查问卷涉及家庭收入、财产、负债、消费等多方面的信息。选取问卷中"最熟悉家庭财务的成员"作为家庭主事者[①]，2010年回答了"最熟悉家庭财务的成员"的家庭14790户，2012年12507户，2014年12017户，2016年11279户，2010—2016年匹配上的家庭有9830户。考虑到退休家庭会花费积累的预防性储蓄，这里仅保留主事者年龄在16—65岁的家庭样本，最终使用四年匹配家庭样本7526户。另外，为了消除通货膨胀对家庭消费决策的影响，收入、储蓄和消费变量以2009年为基期，根据消费者价格指数进行调整得到对应的实际值[②]。

二 变量说明

主要涉及以下几个变量：

（一）储蓄的定义

储蓄等于家庭可支配收入减去家庭支出（Skinner，1988；周绍杰，2010；李超和罗润东，2018）。一些学者认为储蓄是指扣除消费性支出之后的家庭可支配收入，家庭消费性支出是指家庭生活方面的支出，包括食品、服装、交通、通信、娱乐、教育、医疗以及其他支出（Skinner，1988；周绍杰，2010）。家庭总支出中的转移性支出、福利性支出和建房住房贷款支出不属于消费性支出，这是由于转移性

[①] CFPS2010—2016年调查问卷中有关家庭主事者的问题分别是：2010年"谁是家庭主事者"，2012年"最熟悉家庭财务的成员"，2014年和2016年"财务回答人"。该问题的回答率高达90%以上，2010年回答率为98.86%，2012年为93.95%，2014年为96.02%，2016年为95%。

[②] CFPS数据中有关收入和消费的数据是调查前一年的情况。因此，CFPS2010—2016年收入和消费数据以2009年为基期，除以定基消费价格指数得到对应的实际值。

支出和福利支出具有较强的社会投资属性，建房住房贷款支出有较强的家庭投资属性（李超和罗润东，2018）。还有一些学者认为储蓄是指扣除家庭日常消费开支之后的家庭可支配收入，教育支出和医疗支出与家庭成员的年龄和健康状况相关，大额的教育和医疗支出具有偶然性，不属于日常性消费支出（李超和罗润东，2018）。

因此，本章将根据现有文献中常用的两种度量口径计算储蓄变量。一类是窄口径储蓄即扣除消费性支出之后的家庭可支配收入，另一类是宽口径储蓄即扣除日常性消费支出之后的家庭可支配收入。结合CFPS2010—2016年调查问卷，消费性支出包含日用品支出、衣着鞋帽支出、文教娱乐支出、食品支出、交通通信支出、居住支出以及医疗支出。日常性消费支出则不包含文教娱乐支出和医疗支出[①]。

（二）永久性收入和收入不确定性

第一章有关永久性收入和收入不确定性定义中讨论了现有文献中常用的度量方法，本章将依据人力资本理论的收入函数回归法估算永久性收入和收入不确定性指标。永久性收入根据户主年龄、家庭状况以及影响收入的相关变量估计得到（Guiso et al., 1992; Wang, 1995; Lusardi, 2000; Mishra et al., 2012; 杨天宇和荣雨菲，2015）。与永久性收入测量相关的残差项为收入不确定性的客观度量指标。

$$Ln(y_{it}) = \beta X_{it} + Z_i + \mu_{it} \tag{4-5}$$

$Ln(y_{it})$ 为 t 期家庭可支配收入对数[②]，X_{it} 为 t 期家庭主事者的个人信息[③]（包括年龄、性别、党员身份、婚姻状况、受教育程度、自评健康状况、是否工作、城乡划分）、家庭人口结构（家庭人口数和抚养比）和家庭劳动人员比重，Z_i 为省份虚拟变量。结合CFPS2010—2016年四年的调查信息，估算出每一年的家庭可支配收入的拟合值作为该家庭的永久性收入，与永久性收入测量相关的残差项

---

① 娱乐支出属于日常性消费支出，但是在CFPS调查数据中无法将它与教育支出区分开来，因此只能全部剔除处理。

② 根据国家统计局的定义，按照收入的来源，可支配收入包括工资性收入、经营净收入、财产净收入和转移净收入。

③ 2010—2016年家庭主事者并不是固定的，2010年的主事者不一定是2012年的主事者。因此，收入函数回归法计算的永久性收入是根据截面数据计算得到。

可以用来衡量收入不确定性。

由于家庭可支配收入不服从正态分布，存在向低收入值扭曲，如果直接用收入的常数值进行分析，回归结果容易受到极端值的影响。由于家庭可支配收入中存在 0 值和负值情形，不能使用传统直接取对数的形式进行处理。这里采取 Carroll 和 Samwick（1995，1997）的方法对收入进行如下处理[①]：

$$f(y_{it}^p) = \ln(y_{it}^p - \min(y_{it}^p, 0) + 1)$$

（三）劳动力市场的不确定性

失业作为劳动收入的一个重要风险因素，失业率往往被用来衡量收入不确定性（Fuchs—Schundeln 和 Matthias，2005）。但是，中国失业率只是登记失业率本身就存在偏误，且缺少分行业或人群的失业率统计，没有考虑不同群体的失业率差异。这里将参照 Lugilde 等（2018）的方法计算每一调查年份的家庭失业率，具体操作如下：根据 CFPS 每一调查年份的成年人年龄段（间隔 5 岁）和性别进行划分，分别计算不同人群组的失业率，并根据当年家庭主事者的年龄和性别特征赋予该家庭失业率。

（四）控制变量

根据已有文献研究并结合 CFPS2010—2016 年调查问卷，控制变量包括主事者的年龄、性别、党员身份、婚姻状况、受教育程度、健康状况和是否参加工作[②]，家庭人口规模、抚养负担和就业人员比重，城乡、省份虚拟变量。其中，抚养负担为家庭中少儿和老年人的比重。

三 统计描述

表 4-1 给出了主要变量的统计描述，2010—2016 年家庭可支配收入和消费性支出不断上升，日常消费支出占消费性支出的比重呈倒

[①] 当家庭可支配收入小于等于 0 时，使用上述方程得到的家庭可支配收入对数为 0。
[②] 婚姻状况：1"未婚"，2"已婚"，3"同居"，4"离婚"，5"丧偶"；教育程度：1"未上学"，2"小学"，3"初中"，4"高中"，5"专科"，6"本科"，7"硕士"，8"博士"；健康程度：1"健康"，2"一般"，3"比较不健康"，4"不健康"，5"非常不健康"。

"U"形变化。接下来将重点探究2016年家庭储蓄、永久性收入、收入不确定性和劳动力市场不确定性的分布情况。具体操作如下：首先，根据家庭可支配收入进行100等分。然后，分别计算各收入等分下的家庭储蓄、永久性收入、收入不确定性和劳动力市场不确定性的均值。最后，描绘出收入等分下的家庭储蓄、永久性收入、收入不确定性和劳动力市场不确定性均值的散点分布图。如图4-1所示，家庭储蓄、永久性收入和收入不确定性与家庭可支配收入呈正相关，即家庭可支配收入越高，其储蓄水平、永久性收入和不确定性收入也越高。家庭失业率与家庭可支配收入呈负相关，即家庭可支配收入越高，其失业率越低。

表4-1　　　　　　　预防性储蓄行为相关变量的统计描述

	变量名	2010年 均值	2010年 标准差	2012年 均值	2012年 标准差	2014年 均值	2014年 标准差	2016年 均值	2016年 标准差
支出	消费性支出	24690	25765	36175	38843	40741	44412	48031	72065
支出	日常消费开支	18071	21278	29101	34377	32466	39648	38152	66223
储蓄	储蓄（窄口径）	8135	48306	6016	64867	11220	90287	6855	90492
储蓄	储蓄（宽口径）	14738	47678	13052	63395	19528	89328	16712	88422
储蓄	可支配收入	32893	51021	42243	64079	53233	100015	54745	76523
储蓄	永久性收入	9.735	0.722	9.745	0.783	9.981	0.686	10.098	0.730
储蓄	收入不确定性	0.024	1.694	0.006	2.137	0.026	2.248	-0.015	2.230
储蓄	失业率	0.517	0.071	0.339	0.104	0.383	0.099	0.262	0.138
家庭特征	家庭人口数	4.099	1.558	4.309	1.697	4.355	1.824	3.602	1.737
家庭特征	抚养比	0.205	0.193	0.198	0.187	0.209	0.189	0.203	0.215
家庭特征	就业人数	1.319	1.072	2.068	1.158	1.953	1.107	1.992	1.165

注：CFPS调查中有关消费和收入的数据是指调查前一年的情况，即2010年收入数据实际是指2009年的收入。由于多个年份进行比较时需要排除通货膨胀因素的影响，这里的消费、储蓄和收入数据都以2009年为基期，根据消费者价格指数进行调整得到对应的实际值。下同。

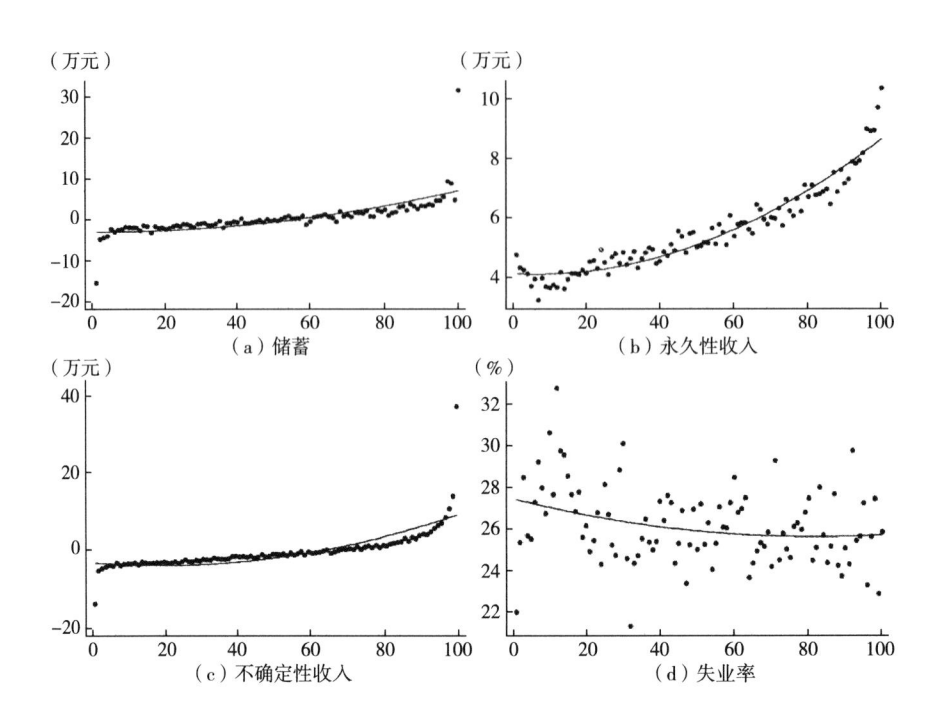

图 4-1　2016 年储蓄、收入和失业率散点分布

第三节　计量模型与实证分析

一　计量模型

根据前文选取的相关变量，构造家庭储蓄的决定方程：

$$\text{Ln}(S_{it}) = \alpha_0 + \beta_1 y_{it}^p + \beta_2 x_{it} + \beta_3 z_{it} + \gamma P_{it} + \delta F_{it} + c_{it} + \mu_{it} \tag{4-6}$$

式（4-6）中，i 为家庭主事者，将问卷中"最熟悉家庭财务的成员"作为家庭主事者。Ln（S_{it}）表示经过 Carroll 和 Samwick（1995，1997）方法处理后的家庭储蓄对数，y_{it}^p 为永久性收入，x_{it} 为收入波动反映收入不确定性的指标，z_{it} 为劳动力市场不确定性即失业率。P_{it} 为主事者个体特征变量集，包括年龄、性别、党员身份、婚姻状况、受教育程度、自评健康状况以及是否工作。F_{it} 为家庭特征变量，包括家庭人

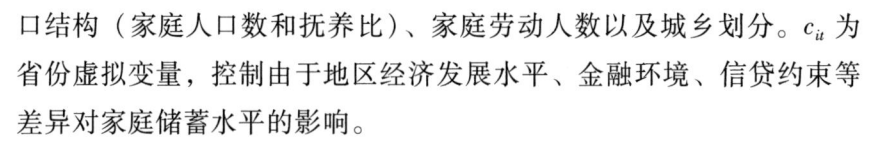

口结构（家庭人口数和抚养比）、家庭劳动人数以及城乡划分。c_{it} 为省份虚拟变量，控制由于地区经济发展水平、金融环境、信贷约束等差异对家庭储蓄水平的影响。

二 实证分析

(一) 全样本回归

表4-2给出了全样本回归结果，模型一为OLS回归。如模型(1)所示，家庭永久性收入和收入不确定性对家庭储蓄水平有显著正向影响，这符合预防性储蓄理论的假说，即收入不确定性越高，预防性储蓄动机越强，家庭倾向于更多的储蓄。模型(2)引入反映劳动力市场不确定性的指标即失业率，失业率对家庭储蓄有显著正向影响，即家庭主事者所面临的失业概率越高，家庭储蓄水平越高。很多文献也使用失业率作为收入不确定性的代理变量（Giavazzi and Michael, 2012; Mody et al., 2012; Lugilde et al., 2018），这再次证实了预防性储蓄的存在性。主事者年龄越大，家庭储蓄水平越高。主事者的党员身份并不会使得家庭储蓄有所提高，非党员家庭储蓄水平反而高于党员家庭。主事者受教育程度越高，家庭储蓄水平越低。主事者自评健康状况越差，家庭储蓄水平低。这是由于健康状况越差的家庭，用于医疗消费支出的比重越高。相对于有工作的主事者，没有工作的主事者家庭储蓄更高。家庭人口规模越大，家庭储蓄水平越低。这是由于家庭人口规模越大，家庭的消费支出水平也越高。家庭就业人数越多，家庭储蓄水平越高。这是因为家庭就业人数越多，家庭总收入越高。

表4-2　　预防性储蓄行为的影响因素回归结果（一）

	OLS 模型		RE 模型	FE 模型	FE（农村）	FE（城镇）
	(1)	(2)	(3)	(4)	(5)	(1)
永久性收入	1.534***	1.620***	1.607***	1.699***	1.743***	1.744***
	(0.076)	(0.080)	(0.058)	(0.067)	(0.099)	(0.094)
收入不确定	1.040***	1.040***	1.041***	1.040***	1.057***	1.010***
	(0.013)	(0.013)	(0.013)	(0.013)	(0.016)	(0.021)

续表

		OLS 模型		RE 模型	FE 模型	FE（农村）	FE（城镇）
		（1）	（2）	（3）	（4）	（5）	（1）
失业率			0.843 *** （0.233）	0.824 *** （0.227）	-0.234 （0.328）		
主事者特征	性别	0.014 （0.059）	0.096 （0.063）	0.085 （0.062）	-0.023 （0.069）	-0.230 *** （0.079）	0.296 *** （0.089）
	年龄	0.024 *** （0.003）	0.021 *** （0.003）	0.023 *** （0.003）	0.026 *** （0.003）	0.023 *** （0.004）	0.026 *** （0.005）
	党员	-0.295 *** （0.100）	-0.309 *** （0.101）	-0.327 *** （0.099）	-0.320 *** （0.099）	-0.331 ** （0.138）	-0.294 ** （0.142）
	是否工作	-0.206 *** （0.079）	-0.173 ** （0.079）	-0.163 ** （0.079）	-0.218 *** （0.079）	-0.149 （0.109）	-0.342 *** （0.117）
婚姻状况	已婚	-0.193 （0.184）	-0.111 （0.186）	-0.073 （0.185）	-0.183 （0.188）	0.087 （0.241）	-0.582 ** （0.285）
	同居	-0.055 （0.522）	0.016 （0.523）	-0.022 （0.522）	-0.114 （0.523）	-0.032 （0.823）	-0.366 （0.690）
	离婚	-0.430 * （0.261）	-0.324 （0.262）	-0.346 （0.261）	-0.452 * （0.263）	0.163 （0.410）	-0.909 ** （0.361）
	丧偶	-0.082 （0.238）	-0.010 （0.238）	0.014 （0.238）	-0.053 （0.239）	0.456 （0.312）	-0.700 * （0.366）
受教育程度	小学	-0.179 ** （0.077）	-0.202 *** （0.077）	-0.177 ** （0.076）	-0.236 *** （0.078）	-0.179 * （0.095）	-0.322 ** （0.135）
	初中	-0.281 *** （0.080）	-0.346 *** （0.082）	-0.295 *** （0.078）	-0.413 *** （0.087）	-0.236 ** （0.113）	-0.694 *** （0.142）
	高中	-0.667 *** （0.107）	-0.758 *** （0.110）	-0.702 *** （0.105）	-0.871 *** （0.117）	-0.623 *** （0.168）	-1.205 *** （0.174）
	专科	-0.563 *** （0.173）	-0.690 *** （0.176）	-0.636 *** （0.170）	-0.819 *** （0.180）	0.163 （0.393）	-1.199 *** （0.232）
	本科	-0.311 （0.240）	-0.495 ** （0.245）	-0.413 * （0.240）	-0.635 ** （0.251）	-1.159 * （0.696）	-0.963 *** （0.306）
	硕士	-0.482 （0.780）	-0.702 （0.783）	-0.598 （0.781）	-0.892 （0.786）		-1.282 （0.824）

续表

		OLS 模型		RE 模型	FE 模型	FE（农村）	FE（城镇）
		（1）	（2）	（3）	（4）	（5）	（1）
健康状况	一般	-0.030 (0.084)	0.007 (0.085)	-0.013 (0.085)	0.004 (0.085)	-0.054 (0.109)	0.133 (0.134)
	比较不健康	-0.318*** (0.080)	-0.218*** (0.084)	-0.242*** (0.084)	-0.192** (0.088)	-0.126 (0.114)	-0.176 (0.138)
	不健康	-0.308*** (0.092)	-0.209** (0.096)	-0.248*** (0.095)	-0.194** (0.097)	-0.266** (0.125)	-0.022 (0.154)
	非常不健康	-0.697*** (0.098)	-0.594*** (0.102)	-0.625*** (0.101)	-0.566*** (0.105)	-0.567*** (0.132)	-0.515*** (0.174)
家庭结构	家庭人口数	-0.079*** (0.024)	-0.101*** (0.025)	-0.107*** (0.023)	-0.147*** (0.025)	-0.117*** (0.032)	-0.222*** (0.040)
	抚养比	0.072 (0.163)	0.105 (0.164)	0.133 (0.161)	0.316* (0.167)	-0.183 (0.216)	1.072*** (0.258)
	就业人数	0.273*** (0.037)	0.271*** (0.037)	0.287*** (0.035)	0.302*** (0.036)	0.236*** (0.045)	0.384*** (0.060)
	城乡	-0.503*** (0.068)	-0.524*** (0.068)	-0.570*** (0.066)	-0.597*** (0.067)		
地区		控制	控制	不控制	控制	控制	控制
年份		不控制	不控制	不控制	控制	控制	控制
常数项		-10.198*** (0.850)	-11.388*** (0.911)	-10.938*** (0.574)	-11.253*** (0.621)	-11.781*** (0.887)	-11.951*** (0.918)
样本量		26076	26076	26076	26076	14620	11456
Adj R²		0.2535	0.2538	0.2517	0.2503	0.2778	0.2204

注：表中给出各变量的估计系数和标准差。***、**、*分别表示在1%、5%和10%水平下显著。由于篇幅原因，省份虚拟变量回归结果省略。婚姻状况、受教育程度和健康状况的基准组分别为未婚、未上学和健康。下同。

为避免个体差异及时间变化所产生的内生性问题，本章还根据面板数据特征，分别采用固定效应和随机效应模型进行分析。如表4-2模型（3）和模型（4）所示，结果基本与上文一致。家庭永久性收入和收入不确定性对家庭储蓄有显著正向影响，家庭永久性收入可以反映家庭长期收入水平，而收入波动则是反映家庭收入的不确定性。家庭永久性收入越高，家庭储蓄越高。家庭收入不确定性越高，家庭储蓄也越高。但是，失业率对家庭消费的影响随模型选定而有所不同。OLS模型和随机效应模型的估计结果一致，失业率对家庭储蓄有正向影响。控制地区和时间效应之后，固定效应模型得到的结果与之前不同，失业率对家庭储蓄的影响并不显著。根据Hausman检验发现，本章更倾向于固定效应模型。通过固定效应模型控制时间效应的影响后，失业率对家庭储蓄的影响变得不显著。这样的结果与Lugilde等（2018）的研究结论一致，相对于失业率指标，收入波动更能充分测度收入的不确定性。本章接下来将选择固定效应模型进行分析，仅考虑收入波动作为不确定性的代理变量，不再考虑失业率对家庭储蓄的影响。

（二）城镇和农村样本回归

如表4-2模型（1）至模型（4）结果所示，农村家庭储蓄水平高于城镇家庭[1]。为进一步探究城乡家庭预防性储蓄行为，这里将样本划分为城镇家庭和农村家庭进行分析。永久性收入和收入不确定性对城镇家庭和农村家庭的储蓄均有显著正向影响，这说明城镇家庭和农村家庭都存在预防性储蓄行为。在农村家庭，主事者为女性的家庭储蓄水平高于男性。但在城镇家庭，主事者为男性的家庭储蓄水平高于女性。抚养比越高，城镇家庭储蓄水平越高，抚养比对农村家庭储蓄的影响不显著。

（三）宽口径储蓄回归

上文中的储蓄是窄口径储蓄即扣除消费性支出之后的家庭可支配收入，这里消费性支出包含了教育支出和医疗支出。但是这两项支出与家庭成员的年龄和健康状况相关，并且大额的教育和医疗支出具有偶然性，不属于日常性消费支出（李超和罗润东，2018）。为了排除偶然性因素对储蓄的影响，本章将使用宽口径储蓄（包含文教娱乐支

---

[1] 这里在OLS模型中引入收入不确定性与城乡交叉项，但是结果不显著，因此没有给出该回归结果。如感兴趣，可与笔者联系。

出和医疗支出）即扣除日常性消费支出之后的家庭可支配收入。结果如表 4-3 所示，结论与上文一致，永久性收入和收入不确定性对家庭储蓄的影响均显著为正，无论是选用窄口径储蓄还是宽口径储蓄，都证实了预防性储蓄动机的存在性。

表 4-3　　　　预防性储蓄行为的影响因素回归结果（二）

		RE 模型			FE 模型		
		全样本	农村	城镇	全样本	农村	城镇
永久性收入		1.650*** (0.052)	1.726*** (0.080)	1.580*** (0.070)	1.691*** (0.061)	1.712*** (0.091)	1.745*** (0.086)
收入不确定		1.126*** (0.012)	1.136*** (0.015)	1.105*** (0.019)	1.123*** (0.012)	1.132*** (0.015)	1.104*** (0.019)
主事者特征	性别	-0.034 (0.053)	-0.208*** (0.071)	0.175** (0.081)	-0.117** (0.054)	-0.299*** (0.072)	0.105 (0.082)
	年龄	0.023*** (0.003)	0.021*** (0.004)	0.027*** (0.005)	0.023*** (0.003)	0.020*** (0.004)	0.026*** (0.005)
	党员	-0.265*** (0.091)	-0.319** (0.127)	-0.200 (0.130)	-0.247*** (0.090)	-0.302** (0.127)	-0.187 (0.130)
	是否工作	-0.035 (0.072)	0.000 (0.099)	-0.109 (0.107)	-0.026 (0.072)	-0.012 (0.100)	-0.070 (0.107)
婚姻状况	已婚	0.524*** (0.169)	0.714*** (0.222)	0.177 (0.261)	0.429** (0.169)	0.624*** (0.221)	0.064 (0.261)
	同居	0.647 (0.479)	1.088 (0.759)	0.210 (0.632)	0.571 (0.478)	0.999 (0.756)	0.120 (0.631)
	离婚	0.340 (0.238)	0.817** (0.378)	-0.073 (0.331)	0.291 (0.238)	0.791** (0.377)	-0.136 (0.330)
	丧偶	0.645*** (0.218)	0.986*** (0.287)	0.136 (0.334)	0.541** (0.217)	0.877*** (0.286)	0.049 (0.334)
受教育程度	小学	-0.153** (0.069)	-0.148* (0.084)	-0.170 (0.122)	-0.158** (0.071)	-0.122 (0.087)	-0.211* (0.124)
	初中	-0.198*** (0.071)	-0.161* (0.092)	-0.253** (0.116)	-0.240*** (0.080)	-0.110 (0.104)	-0.443*** (0.129)

续表

		RE 模型			FE 模型		
		全样本	农村	城镇	全样本	农村	城镇
受教育程度	高中	-0.409*** (0.095)	-0.377*** (0.140)	-0.448*** (0.138)	-0.484*** (0.107)	-0.337** (0.155)	-0.712*** (0.159)
	专科	-0.245 (0.154)	0.317 (0.354)	-0.360* (0.191)	-0.337** (0.165)	0.345 (0.361)	-0.666*** (0.212)
	本科	-0.124 (0.217)	-0.937 (0.634)	-0.074 (0.253)	-0.282 (0.230)	-0.907 (0.639)	-0.514* (0.280)
	硕士	-0.641 (0.715)		-0.682 (0.741)	-0.871 (0.720)		-1.207 (0.754)
健康状况	一般	-0.074 (0.077)	-0.075 (0.100)	-0.046 (0.122)	0.054 (0.078)	0.050 (0.100)	0.095 (0.123)
	比较不健康	-0.397*** (0.073)	-0.298*** (0.096)	-0.494*** (0.112)	-0.005 (0.080)	0.054 (0.104)	-0.020 (0.126)
	不健康	-0.357*** (0.084)	-0.317*** (0.109)	-0.387*** (0.131)	0.002 (0.089)	-0.003 (0.115)	0.057 (0.141)
	非常不健康	-0.468*** (0.089)	-0.398*** (0.113)	-0.571*** (0.147)	-0.049 (0.096)	-0.015 (0.121)	-0.061 (0.159)
家庭结构	家庭人口数	-0.037* (0.020)	-0.026 (0.027)	-0.065* (0.034)	-0.067*** (0.023)	-0.045 (0.030)	-0.119*** (0.036)
	抚养比	-0.435*** (0.148)	-0.898*** (0.193)	0.249 (0.231)	-0.292* (0.151)	-0.832*** (0.198)	0.514** (0.236)
	就业人数	0.038 (0.032)	-0.002 (0.041)	0.093* (0.054)	0.105*** (0.033)	0.080* (0.041)	0.126** (0.055)
	城乡	-0.530*** (0.061)			-0.530*** (0.061)		
地区		不控制	不控制	不控制	控制	控制	控制
年份		不控制	不控制	不控制	控制	控制	控制
常数项		-10.380*** (0.495)	-11.028*** (0.732)	-10.113*** (0.730)	-10.898*** (0.559)	-11.037*** (0.815)	-11.732*** (0.839)
样本量		26076	14620	11456	26076	14620	11456
Adj R^2		0.3081	0.3341	0.2771	0.3063	0.3325	0.2743

第四章 中国城乡家庭预防性储蓄行为研究：理论与实证

第四节 稳健性检验

前文探究了永久性收入和收入不确定性对城乡家庭储蓄的影响，并采用 OLS 模型、随机效应模型和固定效应模型进行分析，证实了预防性储蓄动机的存在。同时考虑到教育和医疗支出具有偶然性，且与家庭成员的年龄和健康有关，不属于日常性消费支出。为了排除偶然性因素对家庭储蓄的影响，还使用包含文教娱乐支出和医疗支出的宽口径家庭储蓄进行分析，结论与之前一致。为了进一步确保结论的有效性，本节还考虑了永久性收入和收入不确定性估算口径差异，以及家庭收入增长的异质性问题。

一 收入函数回归—收入口径差异

上文使用可支配收入估算永久性收入和收入不确定性，考虑到不同收入口径得到的永久性收入有所不同。如表 4-4 所示，这里还将选用常见的四种收入口径进行分析[①]：家庭工资性收入，家庭非财产性收入，包含住房估算租金的家庭非财产性收入，以及包含住房估算租金的家庭可支配收入[②]。接下来分别根据这四种收入口径估算永久性收入和收入不确定性，考察不同收入口径下的永久性收入和收入不确定性对家庭储蓄的影响。如表 4-5 回归结果所示，无论是采用哪一种收入口径估算的永久性收入和收入不确定性进行分析，结果都证实了预防性储蓄动机的存在。

[①] 这里的收入数据根据 Carroll 和 Samwick（1995，1997）的方法进行对数处理。
[②] 根据李实等（2017）对收入的定义以及自有住房估算租金估算方法，重新估算家庭可支配收入。家庭可支配收入包含五部分：工资性收入、经营性净收入（农业经营净收入和非农经营净收入）、财产性收入、转移性净收入和自有住房估算租金。我们采用收益率法对自有住房估算租金进行估计，即自有住房估算价值乘以无风险资产长期收益率。这里使用 30 年国债利率。2009 年利率为 4.02%，2011 年利率为 4.31%，2013 年 30 年国债发行了两期，分别于当年 9 月和 12 月发行，发行量分别为 260 亿元和 240 亿元，利率分别为 4.76% 和 5.05%，二者的加权平均为 4.90%。2015 年利率为 3.74%。

表4-4　　收入函数回归法估算永久性收入和收入不确定性

自变量	因变量	永久性收入	收入不确定性
家庭工资性收入	主事者年龄、性别、党员、婚姻状况、受教育程度、自评健康状况、是否工作，家庭人口、抚养比、家庭工作的人占比，城乡划分、省份虚拟变量	期望 predict	残差项 resid
家庭非财产性收入			
家庭非财产性收入（含住房估算租金）			
家庭可支配收入（含住房估算租金）			

表4-5　　预防性储蓄行为的固定效应模型回归结果（三）

		（1）	（2）	（3）	（4）
工资性收入	永久性收入	1.732*** (0.074)			
	不确定性	1.254*** (0.016)			
非财产性收入	永久性收入		0.705*** (0.033)		
	不确定性		0.483*** (0.007)		
非财产性收入（含住房估算租金）	永久性收入			1.607*** (0.063)	
	不确定性			0.977*** (0.012)	
可支配收入（含住房估算租金）	永久性收入				1.753*** (0.074)
	不确定性				1.210*** (0.016)
样本量		26032	26076	26076	26032
Adj R^2		0.2296	0.2039	0.2478	0.2272

注：由于篇幅原因，这里只显示不同收入口径估算的永久性收入和收入不确定性的回归结果。省略控制变量结果，控制变量包含主事者的性别、年龄、党员、婚姻状况、受教育程度、健康状况和是否工作，家庭人口数、抚养比、家庭就业人员数和城乡划分。均控制了时间和地区变量，下同。

二 分项收入的不确定性影响

根据李实等（2017）对收入的定义，家庭可支配收入包含五部分：工资性收入、经营性净收入、财产性净收入、转移性净收入和自有住房估算租金。为了进一步考察各分项收入的不确定性对家庭储蓄的影响差异，这里将分别估算各分项收入的不确定性。考虑到城乡收入结构差异，本节还将引入收入不确定性和城乡交叉项进行分析。如表4-6结果所示，各分项收入的不确定性对家庭储蓄均有显著正向影响，其中工资性收入的不确定性对家庭储蓄的影响最大。工资性收入、经营性收入和转移性收入的不确定性与城乡的交互作用对家庭储蓄有显著负向影响。究其原因，工资性收入占家庭可支配收入的一半以上，而农村家庭面临的非农工作失业风险远高于城镇家庭。因此，工资性收入的不确定性对农村家庭储蓄的影响高于城镇家庭。

表4-6   预防性储蓄行为的固定效应模型回归结果（四）

		（1）	（2）	（3）	（4）	（5）	（6）
工资性收入	永久性收入	0.681*** (0.039)					0.625*** (0.047)
	不确定性	0.528*** (0.009)					0.499*** (0.008)
	不确定性×城乡	-0.106*** (0.014)					-0.042*** (0.013)
经营性净收入	永久性收入		-0.019 (0.034)				0.221*** (0.033)
	不确定性		0.175*** (0.011)				0.249*** (0.009)
	不确定性×城乡		-0.083*** (0.016)				-0.042*** (0.014)
财产性收入	永久性收入			0.645*** (0.042)			0.388*** (0.049)

续表

		（1）	（2）	（3）	（4）	（5）	（6）
财产性收入	不确定性			0.168*** (0.014)			0.102*** (0.012)
	不确定性×城乡			0.015 (0.019)			0.049*** (0.016)
转移性收入	永久性收入				0.252*** (0.053)		0.137** (0.057)
	不确定性				0.384*** (0.010)		0.288*** (0.009)
	不确定性×城乡				-0.074*** (0.014)		0.008 (0.013)
自有住房估算租金	永久性收入					0.639*** (0.062)	0.132** (0.068)
	不确定性					0.070*** (0.019)	-0.015 (0.016)
	不确定性×城乡					-0.020 (0.023)	0.040** (0.020)
样本量		26076	26076	26076	26076	26032	26032
Adj R^2		0.2057	0.0452	0.0516	0.1093	0.0390	0.2987

家庭经营性收入占家庭可支配收入的15%以上，农村家庭经营性收入主要是农业经营性净收入，而城镇家庭的经营性收入主要是非农经营性净收入，即个体经营及开办私营企业的纯收入。农业收入受自然环境等非人为因素的影响较大，这导致农村家庭经营性净收入的不确定性高于城镇家庭。因此，经营性净收入的不确定性对农村家庭储蓄的影响显著高于城镇家庭。家庭转移性收入占家庭可支配收入的10%以上，农村家庭的转移性收入比重更高。其中，公共转移性收入的比重占农村家庭转移性收入的70%以上，而公共转移性收入受政策影响较大，这导致转移性收入的不确定性对农村家庭储蓄的影响显著

高于城镇家庭①。

三 去趋势化处理的永久性收入

上文永久性收入和收入不确定性指标都是基于横截面数据进行分析，忽视了不同家庭收入增长的异质性问题，这里将参照Fuchs—Schundeln 和 Matthias（2005）根据面板数据估算去趋势化处理的永久性收入。如表4-7所示，具体操作如下：首先，合并2010—2016年四轮调查的家户样本得到家庭层面的面板数据，计算每一年每个家庭非财产性收入占家庭总收入的比重。然后，计算2010—2016年面板数据中每一个家庭该比重的均值，家庭永久收入等于该均值乘以每一年每个家庭的可支配收入。预防性储蓄理论中收入不确定性通常是指劳动力收入的不确定性（Leland，1968；Caballero，1990），但是，中国家庭非财产性收入不仅包含工资性收入还有经营性净收入。因此，这里还分别计算非财产性收入与工资性收入占家庭可支配收入的比重进行去趋势化处理，进而得到永久性收入与收入不确定性度量指标。如表4-8回归结果所示，去趋势化处理后的永久性收入和收入不确定性对家庭储蓄的影响仍然显著为正。

表4-7　去趋势化处理估算永久性收入和收入不确定性

面板数据	收入变量	趋势化处理	永久性收入	收入不确定性
第一种方法	家庭工资性收入/家庭可支配收入	tt1 = gzinc/income1 四年的平均值	yj1 = tt1×gzinc	yu1 = gzinc−yj1
第二种方法	家庭非财产性收入/家庭可支配收入	tt2 = income1_1/income1 四年的平均值	yj2 = tt2×income1_1	yu2 = income1_1−yj2
第三种方法	家庭工资性收入/家庭可支配收入（含住房估算租金）	tt3 = gzinc/income1_rent 四年的平均值	yj3 = tt3×gzinc	yu3 = gzinc−yj3
第四种方法	家庭非财产性收入/家庭可支配收入（含住房估算租金）	tt4 = income1_1/income1_rent 四年的平均值	yj4 = tt4×income1_1	yu4 = income1_1−yj4

---

① 有关分项收入占比数据均根据2010—2016年CFPS数据计算而得。

表 4-8　　预防性储蓄行为的固定效应模型回归结果（五）

		（1）	（2）	（3）	（4）
工资性收入/可支配收入	永久性收入	0.287*** (0.012)			
	不确定性	0.257*** (0.012)			
非财产性收入/可支配收入	永久性收入		0.935*** (0.014)		
	不确定性		0.176*** (0.011)		
工资性收入/可支配收入（含住房估算租金）	永久性收入			0.264*** (0.018)	
	不确定性			0.269*** (0.018)	
非财产性收入/可支配收入（含住房估算租金）	永久性收入				0.806*** (0.016)
	不确定性				0.257*** (0.016)
样本量		21380	21380	21550	21550
Adj R^2		0.2060	0.2446	0.2032	0.2441

注：这里的永久性收入和收入不确定性均经过 Carroll 和 Samwick（1995，1997）对数处理。

第五节　预防性储蓄的机制分析

前文分析了不同收入口径下的永久性收入与收入不确定性对中国城乡家庭储蓄的影响，证实了中国城乡家庭存在显著的预防性储蓄动机，且城乡家庭预防性储蓄差异主要来自工资性收入、经营性收入和转移性收入的不确定性。其中，工资性收入的不确定性对城乡家庭储蓄的影响最大。接下来本节将从收入、储蓄以及生命周期三个方面探讨收入不确定性对不同群体家庭储蓄的影响差异。

一 按家庭收入进行分析

这里将根据家庭可支配收入进行五等分组，探讨不同收入组别家庭的收入不确定性对家庭储蓄的影响。结果如表4-9所示，随着收入组别的提高，收入不确定性对城镇家庭储蓄的影响不断上升，收入不确定性对农村家庭储蓄的影响呈倒"U"形变化，即农村中高收入组别家庭的预防性储蓄动机最强。引入收入不确定性和城乡变量的交叉项之后，该交叉项对城乡家庭储蓄的影响显著为负，且交叉项对中等收入组别家庭储蓄的负向影响最大。说明收入不确定性对农村家庭储蓄的影响大于城镇家庭，收入不确定性对城乡中等收入组别家庭储蓄的影响差异最大。这可能是由于城镇家庭生活成本更高，尤其是中等收入家庭的生活压力较大所致。这里还根据CFPS数据对不同收入组的城乡家庭生活成本进行比较，2010—2016年城镇家庭消费性支出占家庭可支配收入的比重明显高于农村家庭，且城镇和农村中等收入家庭消费性支出占家庭可支配收入的比重差异较大①。因此，城镇家庭可支配收入中能用于储蓄的部分低于农村家庭。这也就能解释收入不确定性对城镇家庭储蓄的影响小于农村家庭。

表4-9　预防性储蓄行为的固定效应模型回归结果（六）

	（1）	（2）	（3）	（4）	（5）
全样本	最低收入组	中低收入组	中等收入组	中高收入组	最高收入组
永久性收入	0.011 (0.095)	0.172 (0.164)	0.861*** (0.190)	2.195*** (0.212)	1.699*** (0.138)
不确定性	0.183*** (0.012)	1.350*** (0.099)	2.121*** (0.135)	2.864*** (0.164)	2.413*** (0.107)

---

① 根据每一年的收入进行五等分组，然后按城乡划分计算每一收入组的城镇和农村家庭的消费均值和收入均值。结果发现，城镇家庭消费性支出占家庭可支配收入的比重明显高于农村家庭。其中，城乡中等收入家庭的该比重差异较大。2010—2016年农村中等收入家庭的平均消费性支出占平均可支配收入的68%—85%，而城镇中等收入家庭的平均消费支出占平均可支配收入的85%—96%。城镇中等收入家庭的消费支出占可支配收入的比重比农村该比重高出10%以上。

续表

	（1）	（2）	（3）	（4）	（5）
城乡×不确定性	-0.028 (0.018)	-0.571*** (0.116)	-0.988*** (0.135)	-0.782*** (0.116)	-0.286*** (0.083)
样本量	5194	5263	5209	5198	5168
Adj R^2	0.0785	0.1081	0.1263	0.0999	0.1203
城镇	最低收入组	中低收入组	中等收入组	中高收入组	最高收入组
永久性收入	0.150 (0.181)	0.336 (0.267)	1.025*** (0.273)	1.581*** (0.272)	1.686*** (0.202)
不确定性	0.235*** (0.019)	0.917*** (0.095)	1.364*** (0.129)	1.755*** (0.157)	2.184*** (0.121)
样本量	2315	2297	2293	2282	2249
Adj R^2	0.0980	0.0991	0.0908	0.0878	0.1344
农村	最低收入组	中低收入组	中等收入组	中高收入组	最高收入组
永久性收入	0.051 (0.123)	1.108*** (0.246)	2.222*** (0.300)	2.758*** (0.331)	1.834*** (0.216)
不确定性	0.132*** (0.012)	0.874*** (0.083)	2.344*** (0.181)	3.077*** (0.248)	2.411*** (0.153)
样本量	2902	2942	2902	2930	2920
Adj R^2	0.0798	0.0891	0.1150	0.0846	0.0895

二 按储蓄水平进行分析

上文指出城镇家庭消费性支出占比过高是导致城乡预防性储蓄差异的主要原因，本节接下来试图采用分位数回归法，探讨不同储蓄水平下的收入不确定性对城乡家庭储蓄的影响变化。如表4-10所示，随着家庭储蓄水平的提高，城乡家庭储蓄差异越来越小，收入不确定性对家庭储蓄的影响越来越小。这说明家庭储蓄水平越高，收入不确定性对家庭储蓄的影响越小。在总样本方程中引入收入不确定性和城乡变量的交叉项后，上述结论依旧成立，但该交叉项对家庭储蓄的影响并不显著①。这说明不同储蓄分位水平上的收入不确定性对城乡家

---

① 由于篇幅原因，引入交叉项之后的回归方程结果没有列出。如有需要，可与笔者联系。

庭储蓄的影响差异并不显著。分城乡样本进行分析发现，无论是城镇家庭还是农村家庭，随着家庭储蓄水平的提高，收入不确定性对家庭储蓄的影响越来越小。

表 4-10　　预防性储蓄行为的固定效应模型回归结果（七）

	（1）	（2）	（3）	（4）	（5）
全样本	10分位数	25分位数	50分位数	75分位数	90分位数
永久性收入	1.999***	1.963***	1.777***	1.750***	1.736***
	(0.233)	(0.197)	(0.101)	(0.113)	(0.121)
不确定性	1.097***	1.083***	1.015***	1.005***	1.000***
	(0.030)	(0.025)	(0.013)	(0.014)	(0.016)
城乡变量	-0.866***	-0.800***	-0.469***	-0.420***	-0.395***
	(0.158)	(0.134)	(0.069)	(0.077)	(0.083)
城镇样本	10分位数	25分位数	50分位数	75分位数	90分位数
永久性收入	2.130***	2.095***	1.913***	1.885***	1.870***
	(0.371)	(0.317)	(0.164)	(0.184)	(0.199)
不确定性	1.032***	1.027***	1.006***	1.002***	1.001***
	(0.046)	(0.039)	(0.020)	(0.023)	(0.025)
农村样本	10分位数	25分位数	50分位数	75分位数	90分位数
永久性收入	2.154***	2.094***	1.835***	1.796***	1.775***
	(0.319)	(0.263)	(0.134)	(0.150)	(0.162)
不确定性	1.136***	1.115***	1.018***	1.004***	0.996***
	(0.040)	(0.033)	(0.017)	(0.019)	(0.020)

三　按年龄组进行分析

上文已经从收入和储蓄两方面分析了收入不确定性对城乡家庭储蓄的影响差异，但是不同年龄层的家庭预防性储蓄动机也会有所差异。考虑到退休家庭可能会花费已积累的预防性储蓄，本书已经排除65岁以上退休家庭。接下来将根据主事者年龄进行分组[①]，考察不同

[①]　根据主事者年龄进行分组，分别为：16—25岁组，26—35岁组，36—45岁组，46—55岁组和56—65岁组。

年龄组别下收入不确定性对城乡家庭储蓄的影响差异。表 4-11 给出各年龄组收入不确定性对城乡家庭储蓄的影响，结果证实各年龄组家庭都存在预防性储蓄动机。即便是临近退休或已退休家庭（56—65岁）也存在预防性储蓄动机，即收入不确定性对老年家庭储蓄的影响显著为正。

表 4-11　预防性储蓄行为的固定效应模型回归结果（八）

	（1）	（2）	（3）	（4）	（5）
	16—25 岁组	26—35 岁组	36—45 岁组	46—55 岁组	56—65 岁组
永久性收入	1.637**	1.679***	1.782***	1.913***	1.833***
	(0.911)	(0.347)	(0.215)	(0.183)	(0.201)
不确定性	1.289***	0.932***	1.010***	1.095***	1.064***
	(0.171)	(0.050)	(0.030)	(0.027)	(0.032)
城乡× 不确定性	-0.394	-0.002	-0.048	-0.079*	0.090*
	(0.244)	(0.074)	(0.047)	(0.044)	(0.054)
城乡	-1.167*	-0.448*	-0.484***	-0.731***	-0.424***
	(0.657)	(0.232)	(0.138)	(0.120)	(0.146)
样本量	401	2815	7723	9188	5949
Adj R^2	0.2884	0.2632	0.2308	0.2643	0.2910

为了进一步比较不同年龄组的预防性储蓄差异，这里还分别引入各年龄组与收入不确定性的交叉项进行分析。如表 4-12 回归结果所示，中老年家庭组（46—55 岁和 56—65 岁）的收入不确定性对家庭储蓄的影响显著高于其他年龄组，青壮年组（26—35 岁和 36—45岁）的收入不确定性对家庭储蓄的影响显著低于其他年龄组。这说明在中国中老年家庭的预防性储蓄动机较强，而青壮年家庭的预防性储蓄动机较弱。这是因为相对于青壮年家庭，中老年家庭组的收入水平相对较高，并且往往会面临子女结婚购房需求。随着近年来房价不断攀升，中老年家庭所面临的经济负担更重，其预防性储蓄动机更强。

表 4-12　预防性储蓄行为的固定效应模型回归结果（九）

	（1）	（2）	（3）	（4）	（5）
永久性收入	1.843***	1.842***	1.847***	1.843***	1.848***
	(0.105)	(0.105)	(0.105)	(0.105)	(0.105)
不确定性	1.038***	1.053***	1.056***	1.023***	1.022***
	(0.013)	(0.013)	(0.015)	(0.015)	(0.014)
16—25 岁组×不确定性	0.095				
	(0.109)				
26—35 岁组×不确定性		-0.118***			
		(0.038)			
36—45 岁组×不确定性			-0.058**		
			(0.027)		
46—55 岁组×不确定性				0.047*	
				(0.026)	
56—65 岁组×不确定性					0.074**
					(0.030)
样本量	26076	26076	26076	26076	26076
Adj R²	0.2539	0.2541	0.2540	0.2539	0.2540

第六节　本章小结

相对于国内现有研究，本章使用微观追踪调查数据对中国城乡家庭预防性储蓄行为进行研究，并发现了支持预防性储蓄动机存在的新证据，同时还从收入、储蓄以及生命周期等多个视角探究预防性储蓄动机的作用机制。首先，基于 Caballero（1990）的理论模型将储蓄分为两部分，即收入确定性下的储蓄（永久性收入下的储蓄）和收入不确定性下的储蓄（预防性储蓄）。采用收入函数回归法估算永久性收入和收入不确定性，并根据微观调查数据构造失业率指标用以衡量劳动力市场的不确定性。其次，使用 CFPS（2010—2016 年）面板数据探究永久性收入和收入不确定性对城乡家庭储蓄的影响，分别采用

OLS模型、随机效应模型和固定效应模型进行分析，结果均证实了预防性储蓄动机的存在。但使用固定效应模型控制地区和时间因素后，失业率对家庭储蓄的影响变得不显著。这样的结果与Lugilde等（2018）的研究一致，相对于失业率指标，收入波动更能充分测度收入的不确定性。因此，接下来的研究选择固定效应模型进行分析，不再考虑失业率对家庭储蓄的影响。考虑到教育和医疗支出具有偶然性，为了排除偶然性因素对家庭储蓄的影响，这里还使用包含文教娱乐支出和医疗支出的宽口径家庭储蓄进行分析，结果与之前一致，收入不确定性对家庭储蓄有显著的正向影响。

为了进一步确保结论的有效性，本章还从三个方面进行稳健性检验。首先，考虑到不同收入口径估算到的永久性收入和不确定性指标有所不同，本章还选用常见的四种收入口径进行分析。无论采用哪一种收入口径估算的永久性收入和收入不确定性，中国城乡家庭都存在显著的预防性储蓄动机。其次，由于家庭可支配收入包含五部分：工资性收入、经营净收入、财产净收入、转移净收入和自有住房估算租金。本章还考察各分项收入的不确定性对家庭储蓄的影响差异，并引入收入不确定性和城乡变量的交叉项进行分析。工资性收入的不确定性对家庭储蓄的影响最大，工资性收入、经营性收入和转移性收入的不确定性对农村家庭储蓄的影响大于城镇。最后，考虑到不同家庭收入增长的异质性问题，本章参照Fuchs-Schundeln和Matthias（2005）的方法对永久性收入进行去趋势化处理。结果发现，去趋势化处理后的永久性收入和不确定性对家庭储蓄的影响仍然显著为正。

本章还从收入、储蓄以及生命周期三个方面比较不同群体的收入不确定性对家庭储蓄的影响差异，从而探究预防性储蓄动机的作用机制。首先，根据家庭可支配收入进行五等分组，探讨不同收入组别下的收入不确定性对城乡家庭储蓄的影响差异。无论是城镇家庭还是农村家庭，随着收入组别的提高，家庭预防性储蓄动机不断增强。相对于农村家庭，城镇家庭的预防性储蓄动机更弱，尤其是对于中等收入家庭，城乡家庭的预防性储蓄动机差异最大。这可能是由于城镇家庭生活成本更高，尤其是中等收入家庭的生活压力较大所致。其次，采用分位数回归法探究不同储蓄水平下的收入不确定性对家庭储蓄的影响差异。随着家庭储蓄水平的提高，城乡家庭储蓄差异越来越小。无论是城镇家庭还是农村家庭，家庭储蓄水平越高，收入不确定性对储蓄的影响越小。最后，根据主事者年龄进行划分探究收入不确定性对不同年龄组别家庭储蓄的影响差异。中老年家庭的预防性储蓄动机较强，而青壮年家庭的预防性储蓄动机较弱。这是因为相对于青壮年家庭，中国中老年家庭组的收入水平相对较高，并且往往会面临子女结婚购房需求。随着近年来房价不断攀升，中老年家庭所面临的经济负担更重，其预防性储蓄动机更强。

第五章

预防性储蓄与财富积累：基于微观数据的分析

近年来，关于预防性储蓄问题的研究已有很大进展。现有文献关于预防性储蓄的研究可以分为以下三类：第一类是关于预防性储蓄动机存在性的理论研究，这类研究大多是根据数理推导得出预防性储蓄动机的存在条件及其均衡路径；第二类是关于预防性储蓄动机存在性的经验研究，国内研究大多集中在这一类；最后是关于预防性储蓄重要性的研究，即预防性储蓄在多大程度上可以解释家庭储蓄或财产积累。大量研究都表明了预防性储蓄是家庭储蓄的重要动机，但是这种动机是否会带来更多的财富仍然有争议。一些研究表明，预防性储蓄占家庭财产积累的比重较高（Mishra et al., 2012）。另一些研究表明，预防性储蓄对家庭财产积累的影响并没有预期那么大（Fuchs-Schundeln 和 Matthias, 2005；Nikolaus, 2008）。还有一些研究表明，预防性储蓄占家庭财产积累的比重较低（Guiso et al., 1992；Lusardi, 2000）。

国内很多文献通过对预防性储蓄动机强度进行测度，从而证实中国城乡家庭存在较强的预防性储蓄动机。第四章探讨了收入不确定性对中国城乡家庭储蓄的影响，发现了支持预防性储蓄动机存在的新证据。但是，这也只能证实预防性储蓄动机的存在性，并不能解释预防性储蓄对中国家庭财产积累究竟有多大的作用。现有研究中只有雷震和张安全（2013）对这一问题进行分析，预防性储蓄只可以解释城乡家庭财产积累的 1.550%—8%。当扣除流动性较差的不动产之后，预防性储蓄能够解释城乡家庭金融财产积累的20%—30%。虽然该研究为预防性储蓄重要性问题提供了实证依据，但是他们使用的数据为地级市层面的宏观数据，忽视了个体异质性对家庭财产积累的影响。另外，他们得出的预防性储蓄占财产积累的比重是全社会的平均水平，没有进一步探究不同资产水平和生命周期不同阶段下预防性储蓄对家庭财产积累的影响差异。本章将利用2010—2016年中国家庭追踪调查数据（China Family Panel Studies，CFPS）考察收入不确定性对中国城乡家庭财产积累的影响，并模拟估算预防性储蓄对家庭财产积累的贡献度。

相对于国内现有研究，本章的边际贡献在于：第一，使用微观追踪调查数据对中国城乡家庭预防性储蓄的重要性进行分析；第二，考察预防性储蓄对各类家庭财产积累的影响；第三，探究不同资产水平下的预防性储蓄对家庭财产积累的影响差异；第四、模拟估算预防性储蓄对家庭财产积累的贡献度。本章剩余部分结构如下：第一节为理论模型；第二节为数据、变量及统计描述；第三节为计量模型和实证分析；第四节为预防性储蓄的重要性；第五节为预防性储蓄对财产积累的机制分析；第六节为本章小结。

第一节 理论模型

国外关于预防性储蓄问题的研究大多以个体为决策单位。但在中国，家庭成员间的关系相比西方国家更加紧密。家庭通常是经济活动的最小单位，居民消费行为大多以家庭为单位进行，本章将以家庭为单位构造理论模型并对此进行实证分析。这里将基于Caballero（1990）的理论模型，并结合雷震和张安全（2013）的研究假说进行讨论。为了简化分析，假定每一个家庭的人口结构相同并保持一致，并且家庭总效用是分离可加的，即家庭总效用是家庭成员的效用之和。那么家庭总效用最大化等价于家庭代表性成员效用最大化。

考虑一个决策期限为T的代表性消费者作为家庭主事者对每一期的家庭消费—储蓄进行抉择。家庭效用最大化问题可以写成：

$$\max_{c_{t+i}} E_t \left[\sum_{i=0}^{T-t} (1+\delta)^{-i} U(c_{t+i}) \right]$$

s.t. $c_t = y_t + (1+r)w_{t-1} - w_t$

当 $0 \leq t \leq T$ 时，

$w_T = 0$

$w_0 = 0$

$y_t = y_{t-1} + k + v_t$

其中，T 为家庭主事者的决策期限，E_t 为 t 期的条件期望，δ 为折现率，U 为瞬时效用函数，c 为消费，y 为家庭收入，w 为家庭财产，r 为利率，k 是每一期人们能够预期到的收入增长量，v_t 为未预期到的收入增长的部分。这里假定 v_t 服从独立同分布，且均值为 0，方差为 σ_v^2。假设效用函数为指数效用函数：

$$U(C_t) = -\frac{1}{\theta} e^{-\theta C_t}$$

这里 θ 为风险规避系数，为了便于说明，假设 $r = \delta$。综合上述信息，家庭主事者最大化期望效用的最优化问题为：

$$\max_{C_{t+i}} E_t \left[\sum_{i=0}^{T-t} (1+\delta)^{-i} e^{-\theta C_{t+i}} \right]$$

s.t. $c_t = y_t + (1+r)w_{t-1} - w_t$

当 $0 \leq t \leq T$ 时，

$w_T = 0$

$w_0 = 0$

$y_t = y_{t-1} + k + v_t$ （5-1）

根据动态规划求解家庭主事者的最优解问题，其贝尔曼方程为：

$$V(w_t) = \max_{c_{t+i}} \left\{ -\frac{1}{\theta} e^{-\theta C_{t+i}} + \frac{1}{1+\delta} E_t [V(w_{t+1})] \right\}$$ （5-2）

结合财产约束条件和贝尔曼方程，如果存在内部解，那么，该解的一阶条件必须满足：

$$e^{-\theta C_t} - \frac{1+r}{1+\delta} E_t [V'(w_{t+1})] = 0$$ （5-3）

对贝尔曼方程式（5-2）中的 w_t 使用包络定理得到：

$$V'(w_t) = \frac{1+r}{1+\delta} V'(w_{t+1}) \tag{5-4}$$

联立式（5-3）和式（5-4），得到：

$$V'(w_t) = e^{-\theta C_t} \tag{5-5}$$

将式（5-5）带入式（5-3）中，得到欧拉方程：

$$e^{-\theta C_t} = \frac{1+r}{1+\delta} E_t(e^{-\theta C_{t+1}}) \tag{5-6}$$

为了便于求解财产函数的显式解，基于 Caballero（1990）的研究对利率做进一步假设，即假定 $r=\delta=0$。Caballero（1990）指出对利率设定的简化，并不会影响基本结论的成立。另外，2010—2016 年中国通货膨胀率①平均为 2.76%，一年期存款基准利率②平均为 2.79%。通货膨胀率与名义利率基本持平，实际利率为 0.03%，因此，将利率假定为 0，与实际情况基本相符，并不会对本章结论产生较大的影响。那么，欧拉方程与预算约束条件可写为：

$$e^{-\theta C_t} = E_t(e^{-\theta C_{t+1}}) \tag{5-7}$$

$$c_t = y_t + w_{t-1} - w_t \tag{5-8}$$

$$c_T = y_T + w_{T-1} \tag{5-9}$$

根据 Caballero（1990）的观点，消费函数满足以下线性消费路径：

$$c_{t+1} = c_t + \Gamma_t + v_{t+1} \tag{5-10}$$

将式（5-10）带入式（5-7），$\Gamma_t = \frac{1}{\theta} \ln E_t(e^{-\theta v_{t+1}})$。由于 v_{t+1} 服从均值为 0、方差为 σ_v^2 的正态分布，$\Gamma_t = \theta \sigma_v^2 / 2$。那么，消费函数式（5-10）可以写成：

$$c_{t+1} = c_t + \theta \sigma_v^2 / 2 + v_{t+1} \tag{5-11}$$

---

① 这里的通货膨胀率根据国家统计局分布的消费者物价指数（相对上一年）计算得到，2010—2016 年通货膨胀率分别为 3.30%、5.40%、2.60%、2.60%、2%、1.40%和 2%。
② 中国人民银行公布的 2010—2016 年一年期存款基准利率分别为 2.75%、3.50%、3.50%、3%、2.75%、2.50%和 1.50%，如果某一年份多次调整基准利率，以第一次调整利率为准。

$$c_t = c_T - (T-t)\frac{\theta\sigma_v^2}{2} - \sum_{j=1}^{T-t} v_{t+j} \tag{5-12}$$

将预算约束条件 $c_T = y_T + w_{T-1}$ 带入式（5-12），得到：

$$c_t = y_T + w_{T-1} - (T-t)\frac{\theta\sigma_v^2}{2} - \sum_{j=1}^{T-t} v_{t+j} \tag{5-13}$$

收入路径满足 $y_t = y_{t-1} + k + v_t$，因此：

$$y_T = y_t + (T-t)k + \sum_{j=1}^{T-t} v_{t+j} \tag{5-14}$$

将式（5-14）带入式（5-13），得到：

$$c_t = y_t + w_{T-1} - (T-t)\left(\frac{\theta\sigma_v^2}{2} - k\right) \tag{5-15}$$

结合预算约束条件 $c_t = y_t + w_{t-1} - w_t$ 可得：

$$w_{T-1} = w_{t-1} - w_t + (T-t)\left(\frac{\theta\sigma_v^2}{2} - k\right) \tag{5-16}$$

又因为 $w_T = 0$，所以对式（5-16）两边从第 t 期到第 T 期求和再除以 $T-t+1$，可得：

$$w_{T-1} = \frac{w_{t-1}}{T-t+1} + \frac{(T-t)}{2}\left(\frac{\theta\sigma_v^2}{2} - k\right) \tag{5-17}$$

结合式（5-15）和式（5-17），可得到：

$$c_t = y_t + \frac{w_{t-1}}{T-t+1} - \frac{(T-t)}{2}\left(\frac{\theta\sigma_v^2}{2} - k\right) \tag{5-18}$$

由恒等式 $s_t = y_t - c_t$ 可得：

$$s_t = \frac{(T-t)}{2}\left(\frac{\theta\sigma_v^2}{2} - k\right) - \frac{w_{t-1}}{T-t+1} \tag{5-19}$$

又因为 $w_t = w_{t-1} + s_t$，所以财产函数关系如下：

$$w_t = \frac{j(T-t)}{2}\left(\frac{\theta\sigma_v^2}{2} - k\right) + \frac{T-t}{T-t+j}w_{t-j} \tag{5-20}$$

由于 $w_0 = 0$，令 $j=t$，可以得到不确定性条件下家庭主事者在第 t 期的财产水平：

$$w_t = \frac{t(T-t)\theta\sigma_v^2}{4} - \frac{t(T-t)}{2}k \tag{5-21}$$

在确定性条件下，欧拉方程为 $e^{-\theta C_t} = e^{-\theta C_{t+1}}$，因此可以求解出在确定性条件下家庭主事者在 t 期的财产水平为[①]：

$$\tilde{w}_t = -\frac{t(T-t)}{2}k \tag{5-22}$$

由式（5-21）减去式（5-22），得到收入不确定性导致的财产积累函数为：

$$w_t^* = \frac{t(T-t)\theta\sigma_v^2}{4} \tag{5-23}$$

σ_v^2 为未预期到的收入增长方差，反映收入不确定性程度。θ 为风险规避系数。T 为家庭主事者的决策期限，t_0 表示家庭主事者拥有决策权的初始年龄。t 表示家庭主事者已经行使决策权的时间，即主事者当期的年龄减去拥有决策权的初始年龄。$T-t$ 表示家庭主事者剩余决策期限，即总的决策期限减去当期的年龄。由式（5-23）可知，收入不确定性程度越高，收入不确定性导致的家庭财产积累越大。代表性消费者风险规避程度越高，预防性储蓄导致的家庭财产积累越大。家庭财产积累与代表性消费者的年龄和决策时期相关。总的决策期越长，收入不确定性导致的家庭财产积累越多。式（5-21）给出了收入不确定性下消费者 t 期财产水平，包含两部分：一部分是收入不确定下的财产水平（预防性储蓄）；另一部分是收入确定下的财产水平。因此，在考察预防性储蓄对家庭财产积累的影响时，不仅要考虑收入不确定性对家庭财产的影响，同时还要考虑确定性收入对家庭财产的影响。

第二节 数据、变量及统计描述

一 数据说明

本章数据来自 2010—2016 年中国家庭追踪调查，该调查问卷涉

[①] 具体推导过程见附录 1。

及家庭收入、财产、负债、消费等多方面的信息。本章选取问卷中"最熟悉家庭财务的成员"作为家庭主事者[1]，2010年回答了"最熟悉家庭财务的成员"的家庭14 790户，2012年12 539户，2014年13 327户，2016年13 652户，2010—2016年四年匹配上的家庭有9 830户。考虑到退休家庭会花费积累的预防性储蓄，这里仅保留主事者年龄在16—65岁的家庭样本，最终使用的匹配家庭有7526户。为了消除通货膨胀对家庭消费决策的影响，收入、消费和财产变量以2009年为基期，根据消费者价格指数进行调整得到对应的实际值[2]。

二 变量说明

（一）家庭净财产

家庭净财产通常划分为金融性净财产和非金融性净财产两大类。根据CFPS调查问卷金融性净财产为扣除负债后的金融性财产，金融性财产包含风险性金融财产（股票、基金、债券以及金融衍生品等）和非风险性金融财产（现金和存款）。非金融性财产包含土地资产[3]、房产净值、经营性财产和其他财产（生产性财产和耐用消费品）。

（二）控制变量

本章控制变量包括主事者个体特征变量和家庭特征变量。其中，主事者个体特征变量，包括年龄、性别、党员身份、婚姻状况、受教育程度以及自评健康状况。家庭特征变量，包括家庭人口结构（家庭人口数和抚养比）、家庭劳动人数、城乡划分和省份虚拟变量。

（三）其他变量

本章所使用的消费、永久性收入和收入不确定性的定义与第四章一

---

[1] CFPS2010—2016年调查问卷中有关家庭主事者的问题分别是：2010年"谁是家庭主事者"，2012年"最熟悉家庭财务的成员"，2014年和2016年"财务回答人"。该问题的回答率高达90%以上，2010年回答率为98.86%，2012年为93.95%，2014年为96.02%，2016年为95%。

[2] CFPS数据中有关收入和消费的数据是调查前一年的情况，财产数据是调查当年的情况。因此，CFPS2010—2016年收入和消费数据以2009年为基期，财产数据以2010年为基期，除以定基消费价格指数得到对应的实际值。

[3] 土地资产的估算方法是用李实和万海远（2015）提出的办法，假定家庭农业总收入的25%来源于土地，而土地的收益率为8%，从而估算出土地价值。因此，只有农村居民才有土地资产。

致，这里不再赘述。

三 统计描述

表5-1给出了主要变量的统计描述结果，这里将重点讨论2010—2016年各类家庭财产占比变化情况。如附表1所示，2010—2016年家庭金融性净财产的比重不断提高，但仍然远低于非金融性净财产的比重。城镇家庭金融性净财产占比约为农村家庭的两倍，2016年农村家庭金融性净财产占家庭净财产的5.90%，城镇家庭金融性净财产占家庭净财产的10.70%。各类家庭财产中，房产净值占家庭净财产的比重最高，城镇家庭房产净值占家庭净资产的80%左右，农村家庭房产净值占家庭净财产的60%左右。为了进一步比较不同财产水平下家庭分项财产的占比情况，这里还将根据家庭净财产进行五等分组，比较各等分组下分项财产的占比变化情况。如附表2所示，随着家庭净财产组别的提高，风险性金融财产和房产净值的占比越来越高，非风险性金融财产的占比越来越低。但无论如何变化，房产净值占家庭净财产的比重最高。

表5-1 预防性储蓄与城乡家庭财产相关变量的统计描述

变量名	2010年 均值	2010年 标准差	2012年 均值	2012年 标准差	2014年 均值	2014年 标准差	2016年 均值	2016年 标准差
消费（元/年）								
消费性支出	24690	25765	36175	38843	40741	44412	48031	72065
日常消费支出	18071	21278	29101	34377	32466	39648	38152	66223
财产（元）								
家庭净财产	231729	462654	283042	651451	332102	658003	450582	989482
金融净财产	7734	66912	21133	129708	27524	151122	42047	186920
风险性金融财产	2536	23425	7558	57975	4567	59368	7466	71935
非风险性金融财产	7984	31488	25059	83288	27972	90195	38342	111233
非金融净财产	224145	438654	262686	614397	304732	599109	408918	913482
净房产	181309	393158	206597	497266	267168	589807	343339	868241
其他财产	48595	173774	62400	316090	49554	173956	68239	194214

续表

变量名	2010年 均值	2010年 标准差	2012年 均值	2012年 标准差	2014年 均值	2014年 标准差	2016年 均值	2016年 标准差
核心变量								
永久性收入	9.735	0.722	9.745	0.783	9.981	0.686	10.098	0.730
收入不确定性	0.024	1.694	0.006	2.137	0.026	2.248	-0.015	2.230
家庭特征								
家庭人口数	4.099	1.558	4.309	1.697	4.355	1.824	3.602	1.737
抚养比	0.205	0.193	0.198	0.187	0.209	0.189	0.203	0.215
就业人数	1.319	1.072	2.068	1.158	1.953	1.107	1.992	1.165
城乡	0.411	0.492	0.427	0.495	0.436	0.496	0.474	0.499

注：CFPS调查中有关消费和收入的数据是指调查前一年的情况，财产数据是指调查当年的情况。即2010年消费和收入数据实际是指2009年的消费和收入。由于多个年份进行比较时需要排除通货膨胀因素的影响，这里的消费、收入和财产数据都以2009年为基期，根据消费者价格指数进行调整得到对应的实际值。下同。

第三节 计量模型与实证分析

一 计量模型

根据前文选取的相关变量，构造家庭财产的决定方程：

$$\text{Ln}(W_{it}) = \alpha_0 + \beta_1 y_{it}^p + \beta_2 x_{it} + \gamma P_{it} + \delta F_{it} + c_{it} + \mu_{it} \quad (5-24)$$

表达式中，i为家庭主事者，$\text{Ln}(W_{it})$表示经过 Carroll 和 Samwick（1995，1997）对数处理后的家庭净财产，y_{it}^p为永久性收入，x_{it}为收入波动反映收入不确定性的指标[①]。P_{it}为主事者个体特征变量集，包括年龄、性别、党员身份、婚姻状况、受教育程度以及自评健康状况。F_{it}为家庭特征变量，包括家庭人口结构（家庭人口数和抚养比）、家庭劳动人数以及城乡划分。c_{it}为省份虚拟变量，控制由于

---

① 永久性收入和不确定性收入都使用 Carroll 和 Samwick（1995，1997）的方法进行对数处理。

地区经济发展水平差异对家庭净财产的影响。

前文采用相同的模型分析了收入不确定性对家庭储蓄的影响，但是收入不确定性对家庭储蓄的影响并不等同于收入不确定性对家庭财产积累的影响（Guiso et al.，1992）。虽然收入不确定性会增加储蓄，它也会增加财产积累。理论上，储蓄和财产是通过跨期预算约束联系在一起的，计算不确定性对储蓄和净财产的影响应该是等效的。但实际上，储蓄和净财产的度量并不受制于跨期预算约束。主要原因是现有数据中储蓄和净财产的度量口径不同。储蓄是根据可支配收入和消费之间的差额计算而得，净财产则是通过汇总有关家庭资产负债表的众多详细问题而得。因此，探究收入不确定性对家庭财产积累的影响，是对预防性储蓄重要性的独立检验，也是对第四章研究结果的有效性检验。

二 实证分析

（一）OLS 模型

表 5-2 模型（1）至模型（4）为 OLS 模型回归结果，模型（1）和模型（2）为全样本下的回归结果。由模型（1）可知，永久性收入和收入不确定性对家庭净财产有显著正向影响，这验证了预防性储蓄的存在性。永久性收入上升 1.0%，家庭净财产上升 16.6%。收入不确定性上升 1.0%，家庭净财产上升 11.5%。由此可见，由收入不确定性引起的预防性储蓄使得家庭财产进一步积累。家庭主事者为男性的家庭财产水平显著低于女性，这可能是女性比男性更加注重家庭财产积累。主事者年龄越大的家庭，家庭净财产越高。相对于非党员，主事者为党员的家庭净财产水平更高，这可能是由于拥有党员身份的主事者自身条件普遍高于非党员，其财产累积的能力也会更强。主事者的健康状况越差，家庭净财产水平越低。

相对于未婚主事者，已婚主事者的家庭净财产水平更高，同居和离异主事者的家庭净财产水平更低。这说明稳定和谐的婚姻关系更有利于家庭财产积累。主事者教育程度越高，家庭净财产水平越高。这说明人力资本投资可以为家庭带来更高的财富回报。抚养比越高，家庭净财产水平越高。抚养负担越重的家庭更倾向于积累更多的财产。

家庭就业人员越多,家庭净财产水平越高。城镇家庭净财产水平显著高于农村家庭。为了进一步比较城乡家庭收入不确定性对家庭净财产的影响差异,模型(2)在模型(1)的基础上引入收入不确定性和城乡虚拟变量的交叉项,结果并不显著。这说明收入不确定性对城乡家庭财产积累的影响没有显著差异。

这里还将样本划分为城镇家庭和农村家庭进行分析,永久性收入和收入不确定性对城镇家庭和农村家庭净财产均有显著正向影响,这说明收入不确定性引致的预防性储蓄有利于城镇家庭和农村家庭财产积累。在城镇家庭中,主事者为男性的家庭净财产水平低于女性。而在农村家庭中,主事者的性别对家庭净财产的影响没有显著差异。无论是城镇还是农村家庭,婚姻和受教育程度对家庭净财产的影响均有显著正向影响。这说明良好的婚姻关系和较高的教育程度均有利于城乡家庭财产积累。抚养比越高,城镇家庭净财产水平越高,抚养比对农村家庭净财产的影响不显著。

表5-2　　预防性储蓄与城乡家庭财产积累的回归结果(一)

		OLS模型				RE模型	FE模型
		(1)	(2)	(3)城镇	(4)农村	(5)	(6)
永久性收入		0.166*** (0.052)	0.166*** (0.052)	0.052 (0.091)	0.186*** (0.064)	0.788*** (0.029)	0.819*** (0.034)
收入不确定性		0.115*** (0.006)	0.111*** (0.008)	0.121*** (0.011)	0.107*** (0.007)	0.114*** (0.008)	0.115*** (0.008)
不确定性×城乡			0.011 (0.013)			0.009 (0.013)	0.009 (0.013)
主事者特征	性别	-0.053* (0.030)	-0.053* (0.030)	-0.101** (0.048)	0.014 (0.037)	0.017 (0.029)	0.037 (0.029)
	年龄	0.005*** (0.002)	0.004** (0.002)	0.017*** (0.003)	-0.004** (0.002)	0.004** (0.002)	0.004*** (0.002)
	党员	0.107** (0.051)	0.106** (0.051)	0.298*** (0.079)	-0.114* (0.065)	-0.067 (0.050)	-0.073 (0.050)

续表

		OLS 模型				RE 模型	FE 模型
		（1）	（2）	（3）城镇	（4）农村	（5）	（6）
婚姻状况	已婚	0.429*** (0.094)	0.429*** (0.094)	0.266* (0.156)	0.494*** (0.114)	0.471*** (0.095)	0.494*** (0.095)
	同居	-0.820*** (0.264)	-0.819*** (0.264)	-0.808** (0.379)	-0.861** (0.380)	-0.803*** (0.269)	-0.783*** (0.268)
	离婚	-0.397*** (0.132)	-0.395*** (0.132)	-0.521*** (0.199)	-0.342* (0.193)	-0.342** (0.134)	-0.325** (0.134)
	丧偶	-0.026 (0.120)	-0.024 (0.120)	-0.433** (0.199)	0.269* (0.146)	0.108 (0.121)	0.140 (0.121)
教育程度	小学	0.234*** (0.040)	0.233*** (0.040)	0.349*** (0.075)	0.173*** (0.046)	0.086** (0.038)	0.066* (0.039)
	初中	0.358*** (0.049)	0.357*** (0.049)	0.614*** (0.087)	0.253*** (0.058)	0.050 (0.039)	0.015 (0.044)
	高中	0.508*** (0.067)	0.507*** (0.067)	0.852*** (0.112)	0.336*** (0.086)	0.012 (0.053)	-0.030 (0.060)
	专科	1.025*** (0.099)	1.024*** (0.099)	1.433*** (0.149)	0.319* (0.186)	0.383*** (0.086)	0.337*** (0.092)
	本科	1.280*** (0.135)	1.278*** (0.135)	1.722*** (0.193)	0.545* (0.328)	0.593*** (0.121)	0.540*** (0.128)
	硕士	1.702*** (0.419)	1.700*** (0.419)	2.173*** (0.481)		0.900** (0.420)	0.843** (0.423)
健康状况	一般	-0.063 (0.044)	-0.063 (0.044)	-0.065 (0.076)	-0.066 (0.051)	0.031 (0.044)	0.002 (0.044)
	比较不健康	-0.106** (0.045)	-0.107** (0.045)	-0.115 (0.076)	-0.097* (0.053)	0.036 (0.041)	-0.042 (0.045)
	不健康	-0.289*** (0.049)	-0.289*** (0.049)	-0.354*** (0.085)	-0.233*** (0.059)	-0.059 (0.047)	-0.132*** (0.050)
	非常不健康	-0.638*** (0.053)	-0.638*** (0.053)	-0.771*** (0.094)	-0.549*** (0.061)	-0.457*** (0.049)	-0.543*** (0.053)
家庭结构	家庭人口数	0.009 (0.014)	0.009 (0.014)	0.071*** (0.025)	-0.008 (0.017)	-0.122*** (0.011)	-0.124*** (0.012)

续表

		OLS 模型				RE 模型	FE 模型
		（1）	（2）	（3）城镇	（4）农村	（5）	（6）
家庭结构	抚养比	0.268*** (0.086)	0.266*** (0.086)	0.306** (0.146)	0.176* (0.104)	0.742*** (0.082)	0.750*** (0.084)
	就业人数	0.085*** (0.016)	0.085*** (0.016)	0.098*** (0.030)	0.092*** (0.019)	0.024* (0.015)	0.005 (0.015)
	城乡	0.162*** (0.035)	0.162*** (0.035)			-0.001 (0.033)	-0.019 (0.034)
地区		控制	控制	控制	控制	不控制	控制
年份		控制	控制	控制	控制	不控制	控制
常数项		9.316*** (0.527)	9.315*** (0.527)	9.797*** (0.910)	8.998*** (1.488)	3.494*** (0.272)	3.274*** (0.308)
样本量		25601	25601	11120	14481	25601	25601
Adj R^2		0.1299	0.1299	0.1612	0.0847	0.0966	0.0963

注：表中给出各变量的估计系数和标准差。***、**、*分别表示在1%、5%和10%水平下显著。由于篇幅原因，省份虚拟变量回归结果省略。婚姻状况、受教育程度和健康状况的基准组分别为未婚、未上学和健康。下同。

（二）随机效应和固定效应

为避免个体差异所产生的内生性问题，这里还根据面板数据特征，分别采用随机效应和固定效应模型进行分析。如表5-2模型（5）和模型（6）所示，结论基本与上文一致。永久性收入和收入不确定性对城乡家庭净财产有显著正向影响，永久性收入水平越高，家庭净财产水平越高。收入不确定性所引致的预防性储蓄使得家庭净财产进一步提高，收入不确定性对城乡家庭净财产的影响没有显著差异。根据Hausman检验发现，本章更倾向于固定效应模型。永久性收入对家庭财产积累的影响大于收入不确定性，永久性收入上升1%，家庭净财产上升81.9%。收入不确定性上升1%，家庭净财产上升11.5%。这说明长期稳定的收入对家庭财产积累的影响大于短期收入波动的影响。综上所述，永久性收入和收入不确定性对家庭财产积累均有显著正向影响，且永久性收入对家庭财产积累的影响远大于收入

第五章 预防性储蓄与财富积累：基于微观数据的分析

不确定性的影响。

三 稳健性检验

前文探究了永久性收入和收入不确定性对家庭净财产的影响，并采用OLS模型、随机效应模型和固定效应模型进行分析，证实了收入不确定性对家庭财产积累有显著正向影响。但是，为了进一步确保结论的有效性，本节还将使用工具变量法、分位数回归和分项财产回归进行检验。考察不同财产水平下收入不确定性对家庭财产积累的影响，并且探究收入不确定性对家庭各类财产积累的影响差异。

（一）工具变量法

上文所使用的收入不确定性指标是根据人力资本理论的收入函数估算得到，但是估算过程中并没有考虑到不同职业的风险差异。为避免职业自选择所产生的内生性问题，这里将使用主事者职业作为收入不确定性的工具变量。表5-3模型（1）使用的工具变量是主事者职业类别，模型（2）使用的工具变量是主事者职业所属产业细分[①]。结果发现，永久性收入和收入不确定性对家庭净财产的影响显著为正，不确定性与城乡虚拟变量交叉项的影响显著为负。这说明使用主事者职业作为收入不确定性的工具变量后，不会改变本书的基本结论，即预防性储蓄动机有利于家庭财产积累。但是，使用工具变量控制内生性问题后，收入不确定性对城乡家庭财产积累的影响有显著差异，收入不确定性对城镇家庭财产积累的影响显著小于农村家庭。

（二）分位数回归法

考虑到不同财产水平下家庭的预防性储蓄动机有所不同。表5-3模型（3）至模型（7）给出了不同家庭净财产分位点上的回归结果。

---

① 这里的产业细分划分为五类：第一产业（农林牧渔业）、第二产业中的制造业、第二产业中的建筑业、第三产业中的低端服务业和高端服务业。其中，制造业包含采矿业。建筑业包括电力、燃气及水的生产和供应业。低端服务业包括交通运输、仓储和邮政业，批发和零售业，住宿和餐饮业，居民服务和其他服务业。高端服务业包括信息传播、计算机服务和软件业，金融业，房地产业，租赁和商务服务业，科学研究、技术服务和地质勘查业，水利、环境和公共设施管理业，教育，卫生、社会保障和社会福利业，文化、体育和娱乐业，公共管理和社会组织等其他行业。

收入不确定性对中、低分位点上的家庭净财产的影响显著为正,且随着家庭净财产水平的提高,收入不确定性对家庭净财产的影响越来越小。收入不确定性对高分位点上的家庭净财产的影响并不显著。这说明预防性储蓄动机有利于中、低财产家庭的财产积累,且收入不确定性对低财产家庭的财产积累影响更大。为了进一步分析收入不确定性对城乡家庭净财产的影响差异,这里还引入收入不确定性和城乡虚拟变量的交叉项。结果不显著,这说明收入不确定性对城乡家庭财产积累的影响并没有显著差异。综上所述,预防性储蓄动机更有利于城乡低财产家庭财产积累,家庭净财产水平越高,收入不确定性对城乡家庭财产积累的影响越小。

表5-3 预防性储蓄与财富积累的回归结果(二)

	工具变量法(FE)		10分位数	25分位数	50分位数	75分位数	90分位数
	(1)	(2)	(3)	(4)	(5)	(6)	(7)
永久性收入	1.756**	1.269***	0.194***	0.134***	0.090***	0.056***	0.025**
	(0.804)	(0.426)	(0.026)	(0.015)	(0.008)	(0.008)	(0.011)
收入不确定性	1.039***	1.014***	0.338**	0.214***	0.123***	0.052	-0.013
	(0.072)	(0.056)	(0.134)	(0.077)	(0.043)	(0.039)	(0.058)
不确定性×城乡	-1.625**	-1.140***	0.046	0.021	0.002	-0.013	-0.026
	(0.800)	(0.424)	(0.052)	(0.030)	(0.017)	(0.015)	(0.023)
城乡	0.398*	0.276**	-0.268***	0.042	0.269***	0.446***	0.610***
	(0.210)	(0.119)	(0.091)	(0.052)	(0.029)	(0.026)	(0.040)
地区	控制	控制	控制	控制	控制	控制	控制
年份	控制	控制	控制	控制	控制	控制	控制

注:由于篇幅原因,这里只显示永久性收入、收入不确定性、城乡以及不确定性与城乡交叉变量的回归结果。省略控制变量结果,控制变量包含主事者的性别、年龄、党员、婚姻状况、受教育程度以及健康状况,家庭人口数、抚养比和家庭就业人员数。下同。

(三)分项财产回归法

表5-2给出了收入不确定性对家庭净财产的影响,如模型(6)结果所示,收入不确定性上升1个单位,家庭净财产上升11.5%。家庭净财产中不仅包含了金融性财产,还包含了流动性较低的住房财

产。考虑到不同类别财产的流动性存在差异，可能会导致收入不确定性对各项财产的影响有所不同。如表5-4回归结果所示，收入不确定性对各项财产均有显著正向影响，收入不确定性对金融性财产的影响大于非金融性财产。收入不确定性提高1.0%，金融性财产将提高27.7%，非金融性财产将提高6.4%。这说明预防性储蓄对家庭财产积累主要是来自对金融性财产的积累。金融性财产包含非风险性金融财产（现金和存款）和风险性金融财产（股票、基金、债券以及金融衍生品等）这两大类。

表5-4　预防性储蓄与财富积累的固定效应模型回归结果（三）

	（1）	（2）	（3）	（4）	（5）	（6）
	金融净财产	非风险财产	风险财产	非金融财产	净房产	其他生产性财产
永久性收入	1.373***	1.214***	0.834***	0.648***	0.508***	0.198***
	(0.069)	(0.063)	(0.039)	(0.025)	(0.048)	(0.031)
收入不确定性	0.277***	0.242***	0.036***	0.064***	0.057***	0.083***
	(0.017)	(0.015)	(0.010)	(0.006)	(0.012)	(0.007)
不确定×城乡	0.016	0.027	0.061***	0.016*	0.020	0.043***
	(0.027)	(0.024)	(0.015)	(0.010)	(0.019)	(0.012)
城乡	0.509***	0.437***	0.149***	-0.070***	0.186***	-1.745***
	(0.069)	(0.063)	(0.039)	(0.025)	(0.048)	(0.031)
地区	控制	控制	控制	控制	控制	控制
时间	控制	控制	控制	控制	控制	控制
样本量	27269	27467	27422	25601	26314	25601
Adj R^2	0.1068	0.0874	0.1044	0.1125	0.0471	0.2115

如模型（3）和模型（4）回归结果所示，收入不确定性对现金和存款类的非风险性金融财产的影响大于风险性金融财产。收入不确定性提高1.0%，家庭非风险性金融财产上升24.2%，风险性金融财产仅上升3.6%。这可能是由于中国金融市场还不够完善，家庭金融性财产大多是以现金和存款等非风险性金融财产为主。另外，收入不

确定性对其他生产性财产①的影响大于收入不确定性对净房产的影响，但是远低于收入不确定性对金融财产的影响。收入不确定性提高1.0%，其他生产性财产将上升 8.3%，家庭净房产仅上升 5.7%。这是因为相对于现金和存款类的金融财产，房产的流动性相对较弱，房产并不能有效抵御收入的不确定性。这也是为什么很多文献在探究收入不确定性对家庭财产的影响时会选择金融性财产进行研究的原因（Fuchs-Schundeln and Schundeln，2005；雷震和张安全，2013）。

收入不确定性对城乡家庭非风险性金融财产和净房产的影响没有显著差异，但是收入不确定性对城乡家庭风险性金融财产和其他生产性财产的影响存在显著差异。相对于农村家庭，收入不确定性对城镇家庭风险性金融财产的影响更大，这是由于城镇家庭风险性金融财产远大于农村家庭。总的来说，收入不确定性对家庭非风险性金融财产的影响最大，其次是其他生产性财产，然后是非金融性财产，收入不确定性对家庭净房产的影响最小。这说明收入不确定性对各类财产的影响差异与财产的流动性有关，预防性储蓄动机更有利于流动性较强的财产进行积累。

第四节 预防性储蓄的重要性

上文探究了收入不确定性对家庭净财产的影响，收入不确定性提高 1%，家庭净财产上升 11.6%。同时，还考察了不同财产水平下收入不确定性对家庭财产积累的影响，并且探究收入不确定性对家庭分项财产积累的影响差异。预防性储蓄动机有利于城乡家庭财产积累，家庭净财产水平越高，收入不确定性对城乡家庭财产积累的影响越小。收入不确定性对现金和存款类非风险性金融财产的影响最大，其次是其他生产性财产，最后是房产和风险性金融财产。这说明收入不确定性对各类财产的影响差异与财产的流动性相关，预防性储蓄动机

---

① 其他生产性资产中包括土地资产、经营性资产和其他耐用品资产等。

第五章 预防性储蓄与财富积累：基于微观数据的分析

更有利于流动性较强的财产进行积累。前文虽然已经很细致地分析了收入不确定性对家庭财产的影响，证实了预防性储蓄动机有利于家庭财产积累。但是，收入不确定性所引致的预防性储蓄究竟有多大？预防性储蓄又能在多大程度上解释家庭财产积累？

根据第二节内容可知，w_t 为 t 期的家庭财富水平即实际财产水平，w_t^* 为预防性储蓄即由收入不确定性引起的财产积累水平。接下来，本节将通过比较预防性储蓄与实际家庭财产水平的比例关系来判断预防性储蓄的重要性，即家庭的实际财产积累中可以由预防性储蓄解释的比例为 w_t^*/w_t。w_t 为 CFPS 调查数据中的家庭财产水平，而 w_t^* 的测算需要根据已有文献以及中国的客观现实对参数 T、t_0 和 $\theta\sigma_v^2$ 进行赋值。

一 参数取值

（一）决策期限 T 和初始年龄 t_0

参照雷震和张安全（2013）的研究，国内关于消费最优化问题往往是以家庭为基本单位进行分析。家庭成员一般是在参加工作或结婚以后直至退休这段时间内拥有家庭消费的决策权。考虑到在中国，男方结婚年龄不得早于 22 周岁，退休年龄为 60 岁；女性结婚年龄不得早于 20 周岁，退休年龄为 55 岁。这里将仅保留主事者年龄为 20—60 岁的样本进行分析，假定家庭主事者的初始决策年龄 t_0 为 20 岁，决策期 T 为 30 年。由式（5-21）和式（5-23）可知，当决策期 T 取值越大，预防性储蓄导致的家庭财产积累越高。将 T 取值为 30 得到的结果是相对保守的结论，这里还将扩大家庭决策期限，讨论不同决策期限下预防性储蓄占家庭财产积累的比重变化。

（二）$\theta\sigma_v^2$ 的估算

σ_v^2 为收入不确定性，可以根据前文提到的人力资本理论对家庭可支配收入进行回归得到[①]。θ 为相对谨慎系数，用来度量预防性储蓄动机强度。这里引用 Dynan（1993）的研究方法，从消费者预期效用最大化模型出发，推导出收入不确定性条件下消费函数的一般形式和

---

① 收入不确定性是上文根据对数处理后的家庭可支配收入估算得到。

衡量预防性动机强度的公式。该公式[①]为：

$$avg(GC_{it}) = \frac{1}{\xi} \times \frac{r-\delta}{1+r} + \frac{\theta}{2} avg(GC_{it}^2) + \varepsilon_{it} \qquad (5-25)$$

式中，$avg(GC_{it})$ 为家庭主事者样本数据调查时期内家庭人均消费增长率的平均值，近似等于未来家庭人均消费增长率的期望值，$avg(GC^2)$ 为未来家庭人均消费增长率平方的期望值，作为家庭主事者收入不确定性的代理变量。因此，相对应的计量模型为：

$$avg(GC_{it}) = \alpha_0 + \alpha_1 avg(GC_{it}^2) + \varepsilon_{it} \qquad (5-26)$$

国内关于预防性储蓄动机强度 θ 的求解大多是利用省级或地级市面板数据（施建淮和朱海婷，2004；易行健等，2008；李燕桥和臧旭恒，2011；凌晨和张安全，2012；雷震和张安全，2013；张安全和凌晨，2015），忽略了不同家庭之间可能存在的差异。本书首次使用家庭追踪调查数据（CFPS2010—2016年）对中国城乡家庭预防性储蓄动机强度进行估算。结果如表5-3所示，与以往的研究结论一致，中国城乡家庭存在显著的预防性储蓄动机。根据城乡划分后的回归结果所示，城镇家庭预防性储蓄动机强度大于农村家庭，这也与一些学者（凌晨和张安全，2012；雷震和张安全，2013；张安全和凌晨，2015）的研究结论一致。考虑到被解释变量和解释变量均为消费增长率的函数，使用普通最小二乘法估计的结果可能存在内生性问题。因此，本节还将使用工具变量法得到相对谨慎系数 θ 的一致估计值。参照 Dynan（1993）的研究，这里使用主事者的职业和受教育程度作为消费增长率平方的工具变量进行分析。结果如表5-5所示，中国城乡家庭存在显著的预防性储蓄动机，城镇家庭预防性储蓄动机更强。

另外，一些学者认为教育支出和医疗支出与家庭成员的年龄和健康状况相关，大额的教育和医疗支出具有偶然性，不属于家庭日常性消费支出（李超和罗润东，2018）。这里将使用家庭日常性消费支出进行分析，与 OLS 结果一致，中国城乡家庭存在显著的预防性储蓄动机，且城镇家庭预防性储蓄动机更强。但是，相比使用消费性支出估

---

① 式（5-24）具体推导见附录2。

算得到的相对谨慎系数,使用家庭日常性消费支出得到的相对谨慎系数更低。这是因为家庭日常性消费支出中扣除了教育和医疗支出,削弱了预防性储蓄动机的强度。虽然这两项支出具有偶然性,但也是每个家庭必然会面临的问题。因此,接下来的研究将使用家庭消费性支出测算的相对谨慎系数进行分析。城乡家庭相对谨慎系数 θ 为 0.16,其中,城镇家庭相对谨慎系数为 0.26,农村家庭相对谨慎系数为 0.14615。

表5-5　预防性储蓄与城乡家庭财产积累的回归结果(四)

消费性支出	OLS模型			工具变量法(2SLS)		
	全样本	城镇	农村	全样本	城镇	农村
消费增长率平方	0.081*** (0.001)	0.130*** (0.003)	0.073*** (0.002)	0.087* (0.051)	0.160*** (0.053)	0.064 (0.044)
常数项	0.531*** (0.015)	0.469*** (0.017)	0.547*** (0.021)	0.512*** (0.073)	0.434*** (0.063)	0.545*** (0.074)
相对谨慎系数	0.162	0.260	0.146	0.174	0.320	0.128
日常消费支出	OLS模型			工具变量法(2SLS)		
	全样本	城镇	农村	全样本	城镇	农村
消费增长率平方	0.046*** (0.001)	0.052*** (0.001)	0.044*** (0.001)	0.025 (0.027)	0.013 (0.050)	0.045 (0.028)
常数项	0.680*** (0.020)	0.636*** (0.028)	0.709*** (0.028)	0.721*** (0.076)	0.726*** (0.129)	0.684*** (0.085)
相对谨慎系数	0.092	0.104	0.088	0.050	0.026	0.090

二　预防性储蓄重要性的度量

(一)预防性储蓄的估算

对参数 T、t_0、θ 和 σ_v^2 赋值后,可以通过式(5-23)估算出收入不确定性引起的预防性储蓄。这里将根据参数和等式估算出每一个家庭由收入不确定性引起的预防性储蓄水平。虽然雷震和张安全(2013)采用同样的方法计算预防性储蓄,但由于他们使用的是宏观数据,以地级市为单位进行的分析,并不能计算出每一个家庭的预防性储蓄水平。本章使用CFPS微观家庭调查数据，可以得到不同家庭的预防性储蓄水平。

（二）预防性储蓄对财产积累的贡献度

根据2010年CFPS调查数据可以得到2010年城乡家庭净财产w_t[①]。接下来将通过比较预防性储蓄与实际家庭财产的比例关系来判断预防性储蓄对财产积累的贡献度。即家庭实际财产水平中可以由预防性储蓄解释的比例为w_t^*/w_t。根据式（5-21）和式（5-23）可知，当决策期T取值越大，预防性储蓄越高。将T取值为30年得到的结果是相对保守的结论，为了进一步比较，本章估算了家庭决策期限为30年、35年和40年的预防性储蓄占家庭财产水平的比重。

表5-6给出了2010年城镇和农村家庭预防性储蓄占家庭财产比重的整体情况，为避免异常值对结果的影响，这里使用中位数反映预防性储蓄占家庭财产比重的整体情况比使用平均值更好。从城乡家庭净财产来看，预防性储蓄占家庭净财产的比重较低。预防性储蓄对农村家庭财产积累的贡献度大于城镇家庭，当决策期限设定为30年时，预防性储蓄只能解释城镇家庭财产积累的2.18%和农村家庭财产积累的3.54%。随着决策期限的提高，家庭预防性储蓄占城乡家庭净财产的比重也会提高。当决策期限设定为40年，预防性储蓄能解释城镇家庭财产积累的7.08%和农村家庭财产积累的13.57%。

表5-6　　　　城乡家庭预防性储蓄占家庭财产的比重　　　　单位：%

	城镇			农村		
	T=30	T=35	T=40	T=30	T=35	T=40
家庭净财产	2.18	3.20	7.08	3.54	5.80	13.57
金融性净财产	5.60	9.47	18.33	7.39	13.08	27.38

注：这里给出的比值为2010年城乡家庭预防性储蓄占家庭净财产的比重的中位数。

---

① 为了比较的一致性，收入不确定性是根据家庭可支配收入对数化处理后估算得到的，这里的家庭净资产也应该经过对数化处理。为了避免异常值的干扰，这里也选择中位数而不是平均值进行分析。

前文研究发现，收入不确定性对各类财产积累的影响存在较大差异，收入不确定性对金融净财产的影响更大，收入不确定性更有利于流动性较强的金融财产。因此，选用金融净财产进行研究更为合适。这里选取家庭金融净财产进行分析。预防性储蓄占家庭金融净财产的比重更高。预防性储蓄对农村家庭金融性财产积累的影响大于城镇家庭，当决策期限设定为40年时，预防性储蓄能解释城镇家庭金融净财产积累的18.33%和农村家庭金融净财产积累的27.38%。综上所述，预防性储蓄对城乡家庭金融性财产积累的贡献度为18%—28%，这一结论与雷震和张安全（2013）的研究结果一致。

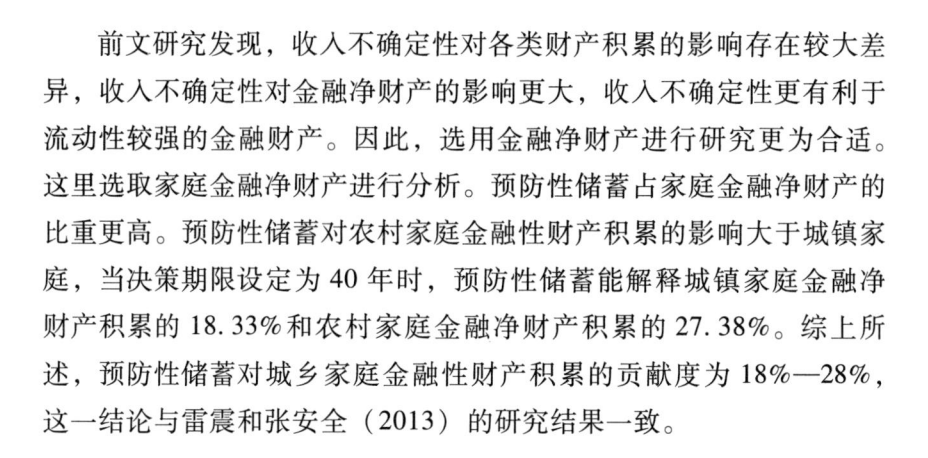

第五节 预防性储蓄对财产积累的机制分析

上文根据相关文献和中国实际情况对参数进行赋值，使用CFPS2010—2016年微观调查数据对城乡家庭相对谨慎系数θ进行估计。通过比较预防性储蓄与实际家庭净财产的比例关系来判断预防性储蓄的重要性，并且模拟测算不同决策期限T值下的预防性储蓄占家庭净财产的比重变化。本节接下来将从财产水平和生命周期两个视角探究预防性储蓄对家庭财产积累的作用机制[①]。

一 不同财产水平下预防性储蓄的影响

表5-6反映了预防性储蓄对家庭财产积累的整体影响情况，但是考虑到不同财产水平下家庭财产积累能力以及家庭财产结构差异，可能会导致预防性储蓄占家庭财富的比重也会有所不同。如附表2所示，随着财产组别的提高，家庭金融净财产的比重不断上升。其中，以现金和存款为主、流动性更强的非风险性金融净财产的比重高于风险性金融财产的比重。随着财产组别的提高，家庭房产净值的比重不断下降。根据前文研究指出，收入不确定性对各类财产的影响差异主要是

---

① 这里根据财产水平和生命周期分组估计各类群体的相对谨慎系数，然后根据相对谨慎系数计算预防性储蓄。由于篇幅原因，这里没有罗列不同财产组别和生命周期各阶段的相对谨慎系数。如有需要，可与笔者联系。

与财产的流动性相关,收入不确定性更有利于流动性较强的财产进行积累。由于高财产家庭中流动性较强的财产占比更高,可以合理推断由收入不确定性引致的预防性储蓄对高财产家庭财产积累的作用更大。

为了探究这一推断是否正确,这里将根据家庭净财产水平进行五等分组①,探究预防性储蓄对不同财产水平家庭财产积累的影响差异。结果如表5-7所示,三个基本结论与上文一致,一是决策期限越长,预防性储蓄对家庭财产的作用影响越大。二是预防性储蓄对农村家庭财产积累的影响大于城镇。三是预防性储蓄对家庭金融净财产的影响更大。随着家庭财产水平不断提高,预防性储蓄对城乡家庭财产积累的贡献度不断上升,且预防性储蓄对农村家庭财产积累的贡献度高于城镇家庭,预防性储蓄对城乡家庭金融净财产的贡献度更高。无论是从家庭净财产还是从金融净财产来看,最高财产组家庭的预防性储蓄对家庭财富积累的贡献度最高。也就是说,随着家庭净财产组别的提高,预防性储蓄对家庭财产积累的贡献度越来越高。

表5-7 不同财产水平下的城乡家庭预防性储蓄占家庭财产的比重 单位:%

		家庭净财产			家庭金融净财产		
		T=30	T=35	T=40	T=30	T=35	T=40
最低组	农村	0.98	1.46	3.16	2.14	2.50	6.55
	城镇	-0.49	-0.58	-2.22	0.87	1.58	2.80
中低组	农村	1.96	3.09	7.55	5.60	10.58	19.44
	城镇	1.19	1.71	3.60	2.38	3.75	9.07
中等组	农村	2.63	4.41	9.91	5.02	9.19	22.33
	城镇	2.08	3.53	7.38	5.14	7.70	12.35
中高组	农村	5.02	9.04	18.65	9.16	15.67	34.26
	城镇	2.56	3.97	8.02	5.30	9.11	19.15
最高组	农村	6.99	17.52	31.40	10.91	25.64	39.90
	城镇	4.71	7.96	16.61	8.49	13.67	28.68

注:这里比值出现负值是因为收入不确定性引致的预防性储蓄为负。

---

① 根据城乡家庭净收入进行五等分组,将家庭划分为最低资产组、中低资产组、中等资产组、中高资产组和最高资产组。

二 生命周期各阶段预防性储蓄的影响

表 5-7 反映了不同财产水平下预防性储蓄对家庭财产积累的贡献度差异，但是不同年龄层的家庭财产积累能力以及家庭财产结构也会存在差异。如附表 3 所示，随着主事者年龄组别的提高，家庭净财产水平呈"U"形变化，36—50 岁的中年家庭净财产水平最低。即使考虑家庭人口结构因素影响，36—50 岁的中年家庭人均净财产水平也低于青年家庭和老年家庭。中年家庭风险性金融财产的占比高于青年和老年家庭，老年家庭净房产的占比高于青年和中年家庭。因此，为了考察生命周期各个阶段预防性储蓄对家庭财产积累的贡献度变化，本节将根据主事者年龄将家庭划分为青年家庭（20—35 岁）、中年家庭（36—50 岁）和老年家庭（51 岁及以上）。表 5-8 结果与上文结论一致，随着主事者家庭决策期限的提高，预防性储蓄对家庭净财产的贡献度不断提高，预防性储蓄对农村家庭净财产的贡献度高于城镇家庭。

表 5-8　不同年龄组的城乡家庭预防性储蓄占家庭财产的比重　　单位：%

		家庭净财产			金融净财产		
		T=30	T=35	T=40	T=30	T=35	T=40
20—35 岁青年	农村	11.05	13.99	16.76	24.63	31.31	37.50
	城镇	9.86	12.50	15.24	14.76	18.77	22.77
36—50 岁中年	农村	8.79	18.59	26.94	16.20	30.47	44.58
	城镇	2.21	5.16	7.64	7.70	18.24	27.56
51 岁及以上老年	农村	1.60	2.33	6.01	2.94	4.77	11.92
	城镇	1.62	2.36	6.06	3.37	4.83	11.93

注：这里给出的比值为 2010 年各年龄组的城乡家庭预防性储蓄占家庭净财产的比重的中位数。

无论是从家庭净财产还是金融净财产来看，预防性储蓄对农村家庭财产积累的贡献度大于城镇家庭。随着生命周期不断推进，预防性储蓄对家庭财产积累的贡献度越来越低，预防性储蓄对城乡中年家庭财产积累的贡献度差异最大。当家庭决策期限为 30 年时，中年家庭预防性储蓄对农村家庭财产积累的作用程度是城镇家庭的 3.50 倍。总的来说，随着年龄的提高，预防性储蓄对家庭财产积累的贡献度越来越小，中年家庭预防性储蓄对城乡家庭财产积累的贡献度差异最大。也就是说，在生命周期初期，由收入不确定性引致的预防性储蓄对家庭财产积累的影响较大，随着收入水平和家庭财产的不断累积，预防性储蓄对家庭财产积累的影响越来越小。这说明随着家庭财产不断积累，收入对家庭财产积累的影响越来越小，那么就存在其他原因导致家庭财产不断累积。

如附表 3 所示，家庭净房产占家庭净财产的比重最高，且随生命周期上升而不断提高。房产可以通过两个方面影响家庭财产积累：一方面是家庭房产数量不断增加；另一方面是房价的不断攀升。这就引入到下一个研究问题——房价波动对中国家庭财产积累的影响。

第六节　本章小结

本章基于 Caballero（1990）的理论模型，结合雷震和张安全（2013）研究假说构造消费者最优消费模型，从数理推导上得出收入不确定性对家庭财产积累的贡献度。首先利用 CFPS2010—2016 年数据探究收入不确定性对中国城乡家庭净财产的影响。为避免个体差异所产生的内生性问题，还分别采用随机效应和固定效应模型进行分析。永久性收入和收入不确定性对家庭财产积累都有显著正向影响，且永久性收入对家庭财产积累的影响远大于收入不确定性对家庭财产积累的影响。为进一步确保结论的有效性，本章还使用工具变量法、分位数回归和分项财产回归进行检验。结果证实预防性储蓄动机有利于城乡家庭财产积累，家庭净财产水平越高，预防性储蓄动机对城乡家庭财产积累的影响越小。收入不确定性对现金和存款类的非风险性金融财产的影响最大，其次是其他生产性财产，最后是房产和风险性金融财产。预防性储蓄动机更有利于流动性较强的财产进行积累。

本章还根据中国的客观现实对参数 T 和 t_0 进行赋值，并结合 Dynan（1993）的研究方法使用 CFPS2010—2016 年面板数据估算城乡家庭相对谨慎系数 θ。考察不同决策期 T 下的预防性储蓄对家庭财产积累的贡献度。预防性储蓄占家庭净财产的比重较低，预防性储蓄对农村家庭财产积累的贡献度大于城镇家庭。考虑到各类财产的流动性差异可能会影响研究结果，预防性储蓄动机更有利于流动性较强的财产进行积累。相对于非金融财产，金融财产的流动性更强。因此，在探究预防性储蓄对家庭财产积累的贡献度时，选择金融净财产进行分析更为合适。预防性储蓄占家庭金融净财产的比重更高。当决策期限设定为 40 年时，预防性储蓄对城乡家庭金融性财产的贡献度为 18%—28%，这一结论与雷震和张安全（2013）的研究结果一致。

另外，本章还从财产水平和生命周期两个视角探究预防性储蓄对家庭财产积累的贡献度变化。根据家庭净财产水平对城乡家庭进行五等分组，随着家庭财产水平不断提高，预防性储蓄对城镇家庭财产积累的影响不断增长。无论是从家庭净财产还是金融净财产来看，最高财产组家庭的预防性储蓄对家庭财产积累的贡献度最高。随着生命周期不断推进，预防性储蓄对家庭财产积累的贡献度越来越小，预防性储蓄对中年城乡家庭财产积累的贡献度差异最大，而预防性储蓄对老年城乡家庭财产积累的贡献度没有显著差别。在生命周期初期，由收入不确定性引致的预防性储蓄对家庭财产积累的影响较大，随着收入水平和家庭财产的不断累积，预防性储蓄对家庭财产积累的影响越来越小。随着生命周期不断推进，可能存在其他因素例如房价因素对家庭财产积累的影响更为显著。本章主要探讨预防性储蓄对家庭财产积累的影响，而房价对家庭财产积累的影响则是第六章、第七章的研究重点。

第六章

房价波动对城乡家庭储蓄率的影响：基于微观数据的分析

国内外大多文献从人口结构（汪伟，2010）、性别失衡与婚姻市场（Wei and Zhang，2011）、预防性储蓄动机（易行健等，2008；周绍杰等，2009）、收入不平等（汪伟和郭新强，2011；甘犁等，2018）以及文化习俗（程令国和张晔，2011）等方面分析中国高储蓄率现象背后的原因。但上述研究大多只解释了中国居民储蓄率较高的现象，但是没能解释储蓄率持续上升的问题。近年来，一些研究开始关注房价上涨对居民储蓄率的影响。从时间趋势上看，储蓄率与房价的变化紧密相关（范子英和刘甲炎，2015）。理论上房价上涨对于居民消费行为有着作用方向截然相反的两种效应，即"财富效应"和"挤占效应"（陈斌开和杨汝岱，2013；颜色和朱国钟，2013；周博，2016；王策和周博，2016）。因此，房价对消费和储蓄的影响取决于"财富效应"与"挤出效应"这两种效应的净值。实证研究中由于采用的研究方法、数据来源以及样本年份的不同，房价上涨对储蓄率影响的研究文献并没有一致性结论。一类研究表明房价上涨对居民储蓄率有显著正向影响（陈斌开和杨汝岱，2013；李雪松和黄彦彦，2015；王策和周博，2016）。另一类研究则表明房价上涨对居民储蓄率有负向影响（赵西亮等，2013）。

现有研究大多只考虑了房价对城镇家庭储蓄率的影响，但是随着城镇化进程的不断推进，城镇地区房价不断攀升所带来的"涟漪效

第六章 房价波动对城乡家庭储蓄率的影响：基于微观数据的分析

应"使得农村地区房价也相应提高。因此，本章使用2010—2016年中国家庭追踪调查数据（China Family Panel Studies，CFPS）引入收入不确定因素后，通过房价水平和预期房价增长率从"财富效应"和"为购房而储蓄"的储蓄动机两方面探究房价波动对中国城乡家庭储蓄率的影响。相对于国内现有研究，本章的边际贡献在于：第一，本章使用微观数据考察收入和房价波动对城乡家庭储蓄率的影响；第二，本章将房价波动对家庭储蓄率的影响分为两个层面进行考察，分别使用房价水平和预期房价增长率从"财富效应"和"为购房而储蓄"的储蓄动机两方面探究房价波动对家庭储蓄率的影响；第三，从生命周期、储蓄率水平、收入水平、房产水平和房产类型等多方面探究房价波动对家庭储蓄影响的作用机制。本章剩余部分结构如下：第一节为数据、变量及统计描述；第二节为储蓄率分布状况；第三节为计量模型与实证分析；第四节为稳健性检验；第五节为房价对储蓄率的机制分析；第六节为本章小结。

第一节 数据、变量及统计描述

一 数据说明

本章数据来自2010—2016年中国家庭追踪调查，该调查问卷涉及家庭收入、财产、负债、消费等多方面的信息。本章选取问卷中"最熟悉家庭财务的成员"作为家庭主事者，2010年回答了"最熟悉家庭财务的成员"的家庭有14790户，2016年为11279户。2010年和2016年匹配上的家庭有11203户。这里仅保留主事者年龄在16—65岁的家庭样本，最终使用的匹配家庭有8946户。另外，为了消除通货膨胀对家庭消费决策的影响，2016年的收入、消费和财产变量以2009年为基期，根据消费者价格指数进行调整得到对应的实际值。

二 变量说明

本章主要涉及以下几个变量：

(一) 储蓄率的定义

储蓄率一般有两种定义方式：一是家庭可支配收入与消费性支出之差除以可支配收入；二是将家庭财产的变动作为储蓄，除以家庭可支配收入作为储蓄率。国内关于储蓄率问题的研究大多使用横截面数据进行分析，因此通常采用第一种定义方式（赵西亮等，2013；陈斌开和杨汝岱，2013；李雪松和黄彦彦，2015；范子英和刘甲炎，2015）。本章将沿用目前文献中使用的方法计算家庭储蓄率，家庭储蓄率1=（家庭可支配收入-消费性支出）/家庭可支配收入。考虑到教育支出和医疗支出具有偶然性，与家庭成员的年龄和健康状况相关，不属于日常性开支。本章还将根据日常性消费支出计算家庭储蓄率进行稳健性检验，家庭储蓄率2=（家庭可支配收入-日常性消费支出）/家庭可支配收入。参照万光华等（2003）以及李雪松和黄彦彦（2015）将家庭储蓄率的下限设置为-200%，上限设置为100%，最后所得的有效样本为6027个家庭。

中国家庭追踪调查（CFPS）对中国城乡家庭收入和消费进行了非常细致而全面的调查，但是该调查对住房消费的度量存在一定缺陷，需要做进一步修正。陈斌开和杨汝岱（2013）指出自有住房应按照当年的房租价格同时计入收入和消费。然而，CFPS数据在消费度量中只考虑了实际租赁租金，忽略了自有住房折算租金的问题。幸运的是，CFPS数据中包含家庭自有住房估算租金。为避免住房价格上升导致的居民储蓄率测量误差问题，本章参照陈斌开和杨汝岱（2013）的方法，将自有住房估算租金同时计入收入和消费，得到包含自有住房估算租金的储蓄率指标，本章将在后文对储蓄率指标可能存在的测量误差进行稳健性检验。

(二) 房价的度量

现有文献关于房价的度量方法主要有以下两种：第一种是使用《中国统计年鉴》中各省商品房销售价格作为房价代理变量（陈斌开和杨汝岱，2013；范子英和刘甲炎，2015；李雪松和黄彦彦，2015）；第二种是根据住户调查数据"现住房估算价值"和"现住房面积"计算现居住房自估房价（赵西亮等，2013）。第一种方法使用的商品房销售价格大多只能反映城镇地区房价水平,但是本章将探讨房价对城乡家庭储蓄的影响。因此,这里将采用第二种方法根据CFPS问卷中"现住房当前市场总价"和"现住房的建筑面积"得到现居住房自估房价[1]。这里房价数据均根据消费者物价指数CPI(2009年=100)调整成实际房价指标。

(三)预期房价增长率

本章将参照李雪松和黄彦彦(2015)使用过往房价年均增长率代表预期房价增长率,考虑到CFPS数据调查年份有限且不连续,这里房价增长率数据是根据国家统计局公布的商品房销售价格计算而得。衡量预期房价增长率的指标有两个:一个是家庭所在省份调查年份前五年的商品房销售价格增长率的平均值;另一个是家庭所在省份调查年份前五年的住宅商品房销售价格增长率的平均值。2010年房价增长率根据各省份2005—2010年五年间(住宅)商品房销售价格增长率的平均值,2016年房价增长率根据各省份2011—2016年五年间(住宅)商品房销售价格增长率的平均值。各省份房价上涨数据来自《中国统计年鉴(2005—2016年)》。

(四)永久性收入和收入不确定性

本章所使用的永久性收入和收入不确定性的度量方法与前文一致。根据人力资本理论的收入函数回归法估算永久性收入和收入不确定性指标。永久性收入是根据户主年龄、家庭状况以及影响收入的相关变量估计得到(Guiso et al., 1992; Wang, 1995; Lusardi, 2000; Mishra et al., 2012; 杨天宇和荣雨菲, 2015)。与永久性收入测量相关的残差项则为收入不确定性指标。

$$\text{Ln}(y_{it}) = \beta X_{it} + Z_i + \mu_{it}$$

Ln(y_{it})为t期家庭可支配收入对数[2],X_{it}为t期家庭主事者的

---

[1] 对于残缺项用村居平均房价进行填补。
[2] 根据国家统计局的定义,按照收入的来源,可支配收入包括工资性收入、经营净收入、财产净收入和转移净收入。

个人信息①（包括年龄、性别、党员身份、婚姻状况、受教育程度、自评健康状况、是否工作、城乡划分）、家庭人口结构（家庭人口数和抚养比）和家庭劳动人员比重，Z_i为省份虚拟变量。本章结合CFPS2010年和2016年的调查信息，估算出每一年的家庭可支配收入的拟合值作为该家庭的永久性收入，与永久性收入测量相关的残差项可以用来衡量收入不确定性。

由于家庭可支配收入的分布不服从正态分布，存在向低收入值扭曲，如果直接用收入值进行分析，回归结果容易受到极端值的影响。且家庭可支配收入中存在0值和负值情形，不能使用传统直接取对数的形式进行处理。本章采取Carroll和Samwick（1995，1997）的方法，对收入进行如下处理：

$$f(y_{it}^p) = \ln[y_{it}^p - \min(y_{it}^p, 0) + 1]$$

（五）控制变量

根据已有研究并结合CFPS2010—2016年问卷信息，本章控制变量包括主事者的年龄、年龄平方、性别、党员身份、婚姻状况、受教育程度、健康状况和是否参加工作，家庭人口规模、抚养比和就业人员比重，城乡、省份虚拟变量。

三 统计描述

表6-1给出了主要变量的统计描述结果。从家庭储蓄率变化情况来看，2010—2016年文教娱乐支出和医疗支出占家庭可支配收入的比重下降。2010—2016年中国家庭住房价格上涨，家庭房产价值和房贷大幅提升。2010—2016年现居住房面积和价值均有所上涨，现居住房平均面积由2010年的107平方米上涨至2016年的116平方米，平均价值由2010年的15万元上涨至2016年的25万元②。

---

① 2010—2016年家庭主事者并不是固定的，2010年的主事者不一定是2012年的主事者。因此，收入函数回归法计算的永久性收入是根据截面数据计算得到。

② 这里住房面积和住房价值是指城乡家庭现居住房信息，住房面积为问卷中"现居住房面积"，住房价值根据"现居住房面积"乘以村居平均房价。2010—2016年城镇家庭现居住房面积由102平方米上涨至108平方米，城镇家庭现居住房价值由24万元上涨至41万元；2010—2016年农村家庭现居住房面积由111平方米上涨至124平方米，农村家庭现居住房价值由7万元上涨至11万元。

第六章　房价波动对城乡家庭储蓄率的影响：基于微观数据的分析

表 6-1　房价与储蓄相关变量的统计描述

变量		2010 年				2016 年			
		均值	标准差	最小值	最大值	均值	标准差	最小值	最大值
储蓄率	储蓄率 1	0.0946	0.6014	-1.9992	0.9805	0.1200	0.6229	-1.9969	0.9900
	储蓄率 2	0.3319	0.4684	-1.9262	0.9968	0.3060	0.5290	-1.9516	0.9900
房价（元/平方米）	自估房价	1692	3325	0.4840	48402	3022	7255	1.1028	124070
家庭房产	房产价值（元）	200144	433668	0	7744434	398057	1003205	0	2.69E+07
	房产净值（元）	191011	404342	-309777	6969991	380119	967907	-187754	2.69E+07
	房贷（元）	11351	51243	0	1500000	24290	131286	0	4000000
	房产总个数	1.0689	0.5492	0	12	1.0426	0.6254	0	7
现居住房	价值（元）	163417	339376	0	5808326	280036	610391	0	8271299
	面积（平方米）	123.86	89.8139	7	1000	146.86	149.936	4	5238
	产权	1(88.30%) 2(1.05%) 3(0.27%) 4(0.35%) 5(4.48%) 6(4.81%) 7(0.75%)				1(79.29%) 2(2.11%) 3(2.90%) 4(2.58%) 5(6.45%) 6(4.21%) 7(2.46%)			
核心变量	永久性收入	9.7968	0.7268	7.6600	12.8195	10.1294	0.7379	7.9386	12.9956
	收入不确定	0.3495	0.7828	-2.5698	3.9130	0.6072	0.8191	-2.9250	3.3958
家庭特征	家庭人口数	4.0969	1.5590	1	17	3.5095	1.7261	1	16
	抚养比	0.2041	0.1923	0	0.75	0.1987	0.2150	0	1
	就业人数	1.3546	1.0571	0	8	1.9465	1.1660	0	8
	城乡	0.4392	0.4963	0	1	0.5106	0.4999	0	1

注：这里产权给出的是每类产权的概率，产权：1"完全自有"，2"部分自有"，3"公房（单位免费提供）"，4"救济房（政府免费提供/廉租房/公租房）"，5"租房（市场上租的商品房）"，6"亲友借助（父母/子女/亲戚朋友）"，7"其他"。

第二节 储蓄率分布状况

这里将从房产类型、收入水平和主事者年龄探讨不同类型家庭的储蓄率分布情况。

一 房产类型与储蓄率分布

考虑到房价对不同房产类型家庭（有房家庭和租房家庭）的影响可能会有所不同，本章将根据自住房产权类型进行划分，排除自住房产权类型残缺和"其他类型"的家庭，2010年为5979户，2016年为5789户。如表6-2所示，2010—2016年现居住房为自有住房和向亲友借住的住房比重下降，现居住房为部分自有房、公房、救济房和租用商品房的比重上升。自住房产权部分自有的家庭比重较低，将其与产权完全自有的家庭合并为有房家庭。将公房、救济房、商品房租房和亲友借住家庭归为租房家庭。这里还将比较不同产权类型家庭储蓄率的变化情况，如表6-3所示，由于日常性消费支出不包含教育支出和医疗支出，因此使用日常性消费支出计算的储蓄率普遍高于使用消费性支出计算的储蓄率。无论使用哪一种口径计算的储蓄率，2010—2016年有房家庭的储蓄率明显高于租房家庭。

表6-2 2010—2016年不同自住房产权类型的家庭比重及变化　　单位：%

自住房产权	完全自有	部分自有	公房	救济房	租房（商品房）	亲友借住
2010年	88.96	1.05	0.27	0.35	4.52	4.85
2016年	81.29	2.16	2.97	2.64	6.62	4.32

表6-3 2010—2016年不同自住房产权类型的家庭储蓄率　　单位：%

储蓄率1	有房家庭	租房家庭	储蓄率2	有房家庭	租房家庭
2010年	0.1034	0.0134	2010年	0.3414	0.2468
2016年	0.1267	0.0923	2016年	0.3135	0.2646

二 房产数量与储蓄率分布

房价波动对拥有不同房产个数的家庭储蓄率的影响可能会有差异，这里还将比较2010—2016年家庭房产个数的占比变化，以及不同房产个数下的家庭储蓄率变化情况。如表6-4所示，拥有1套住房的家庭占比最高，其次是拥有两套住房的家庭。2010—2016年拥有一套住房的家庭占比有所下降，没有住房或者拥有两套及以上住房的家庭占比均有所上升。本节进一步比较不同房产个数家庭的储蓄率差异，如表6-5所示，无房家庭的储蓄率低于有房家庭。家庭拥有住房的个数越多，家庭储蓄率越高。当扣除教育和医疗两项偶然性支出后得到的储蓄率普遍较低，这也说明教育和医疗支出占家庭可支配收入的比重较高。扣除教育和医疗支出后的无房家庭储蓄率为负值，这说明无房家庭的收入大多只能应付日常性消费支出，当家庭面临教育和医疗支出时，家庭可支配收入不足以支付家庭消费性支出。这可能是由两个方面因素导致：一方面无房家庭收入水平较低；另一方面无房家庭消费支出较高[①]。

表6-4　　　2010—2016年家庭房产个数的比重及变化　　　单位：%

房产个数	没有	1个	2个	3个及以上
2010年	8.00	78.93	11.84	1.23
2016年	14.14	70.13	13.54	2.19

表6-5　　　2010—2016年不同房产数量的家庭储蓄率变化

储蓄率1	无房	一套房	两套及以上	储蓄率2	无房	一套房	两套及以上
2010年	-0.0100	0.0825	0.2318	2010年	0.2370	0.3257	0.4273
2016年	0.0915	0.1184	0.1564	2016年	0.2779	0.3100	0.3103

三 收入水平与储蓄率分布

根据边际消费倾向递减规律，边际消费倾向随收入的上升而不断

[①] 根据CFPS2010年和2016年的数据发现，无房家庭的可支配收入低于有房家庭，无房家庭的消费性支出高于拥有一套房的家庭。

下降，高收入往往会导致高储蓄率。这里将根据家庭可支配收入进行五等分组，考察不同收入组别下的家庭储蓄率变化情况。如表6-6所示，随着收入组别的提高，家庭储蓄率不断上升（消费占家庭可支配收入的比重不断下降），符合边际消费倾向递减规律。无论使用哪一种口径计算的储蓄率，2010—2016年中高收入组和最高收入组的家庭储蓄率均有所下降，而中低收入组和中等收入组的家庭储蓄率均有所上升。

表6-6　　　　2010—2016年不同收入组别的家庭储蓄率变化

储蓄率1	最低收入组	中低收入组	中等收入组	中高收入组	最高收入组
2010年	-0.4214	-0.0389	0.1478	0.3012	0.4847
2016年	-0.3712	0.0557	0.2324	0.2928	0.3908
储蓄率2	最低收入组	中低收入组	中等收入组	中高收入组	最高收入组
2010年	-0.0551	0.2598	0.3670	0.4832	0.6048
2016年	-0.0627	0.2752	0.3874	0.4351	0.4953

四　生命周期与储蓄率分布

考虑到生命周期各阶段家庭储蓄动机存在差异，房价对不同年龄层家庭消费和储蓄决策的影响不同。这里将根据主事者年龄将家庭进行分组，如表6-7所示。2010年扣除消费性支出后得到的储蓄率（储蓄率1）呈U形变化，即随着年龄组别的提高，2010年家庭储蓄率先下降后上升，中年家庭（40—49岁）储蓄率最低。储蓄率2与储蓄率1的差值表示教育和医疗支出占家庭可支配收入的比重，2010—2016年家庭用于教育和医疗支出的比重呈倒U形变化，即随着年龄组别的提高，2010—2016年家庭用于教育和医疗支出的比重先上升后下降，中年家庭（40—49岁）用于教育和医疗支出的比重最高。

表6-7　　　　2010—2016年不同年龄层家庭储蓄率变化

储蓄率1	20—29岁	30—39岁	40—49岁	50—59岁	60岁及以上
2010年	0.1247	0.0853	0.0399	0.1510	0.2141

续表

储蓄率 1	20—29 岁	30—39 岁	40—49 岁	50—59 岁	60 岁及以上
2016 年	0.1047	0.0628	0.1139	0.1748	0.0848
储蓄率 2	20—29 岁	30—39 岁	40—49 岁	50—59 岁	60 岁及以上
2010 年	0.2710	0.2734	0.3334	0.3680	0.4024
2016 年	0.2553	0.2490	0.3210	0.3368	0.2880
储蓄率 2—储蓄率 1	20—29 岁	30—39 岁	40—49 岁	50—59 岁	60 岁及以上
2010 年	0.1463	0.1881	0.2935	0.2170	0.1882
2016 年	0.1505	0.1862	0.2070	0.1620	0.2032

第三节 计量模型与实证分析

一 计量模型

根据前文选取的相关变量，构造家庭储蓄决定方程：

$$S_{it}=\alpha_0+\beta_1 P_{it}+\beta_2 X_{it}+\beta_3 Y_{it}+c_{it}+\mu_{it}$$

表达式中，i 为家庭主事者，S_{it} 为储蓄率，P_{it} 为房价（自估房价）对数、住户类型（有房户和无房户）以及房价与房产类型交叉项，Y_{it} 为收入变量集，包括永久性收入和收入不确定性，X_{it} 为控制变量集，包括主事者年龄、性别、党员身份、婚姻状况、受教育程度以及自评健康状况，家庭人口结构（家庭人口数和抚养比）、家庭劳动人数以及城乡变量。c_{it} 为省份虚拟变量，控制由于地区经济发展水平、金融环境、信贷约束等差异对家庭储蓄的影响。

二 实证分析

理论上讲，房价上涨对于居民消费行为有着作用方向截然相反的两种效应，即"财富效应"和"挤出效应"（陈斌开和杨汝岱，2013；颜色和朱国钟，2013；周博，2016；王策和周博，2016）。因此，房价对中国城乡家庭储蓄的影响取决于这两种效应的净值。

（一）OLS 最小二乘法

表 6-8 模型（1）为 OLS 回归结果，房价上涨对城乡家庭储蓄率

的影响显著为负。这说明房价上涨对家庭储蓄率影响的"财富效应"大于"挤出效应",这可能是由于2010年CFPS调查问卷中90%的家庭拥有一套及以上房产,而房价上涨对家庭储蓄率影响的"挤出效应"更多是发生在无房家庭。模型(2)在模型(1)的基础上引入房价与城乡虚拟变量的交叉项,房价上涨对城乡家庭储蓄率的影响仍然显著为负。交叉项对家庭储蓄率的影响显著为负,这说明房价上涨对城镇家庭储蓄率的负向影响大于农村家庭。房价上涨导致城镇家庭储蓄率低于农村家庭,这可能是因为城乡地区资本流动性差异导致城镇家庭更容易通过房产变现增加家庭财富,房价上涨对城镇家庭储蓄率影响的"财富效应"大于农村家庭。

表 6-8　　　　　高房价与高储蓄率的回归结果(一)

		(1) OLS	(2) OLS	(3) 随机效应 RE	(4) 固定效应 FE
房价对数		-0.066*** (0.005)	-0.043*** (0.007)	-0.047*** (0.007)	-0.047*** (0.007)
房价对数×城乡			-0.054*** (0.010)	-0.033*** (0.009)	-0.044*** (0.009)
家庭收入	永久性收入	0.448*** (0.032)	0.456*** (0.032)	0.297*** (0.014)	0.405*** (0.016)
	收入不确定性	0.457*** (0.008)	0.459*** (0.008)	0.435*** (0.007)	0.450*** (0.007)
主事者特征	性别	-0.008 (0.013)	-0.008 (0.013)	0.004 (0.012)	-0.006 (0.012)
	年龄	0.005*** (0.001)	0.005*** (0.001)	0.005*** (0.001)	0.005*** (0.001)
	党员身份	-0.050** (0.020)	-0.048** (0.020)	-0.029 (0.019)	-0.037* (0.019)
婚姻状况	已婚	-0.130*** (0.043)	-0.132*** (0.043)	-0.117*** (0.043)	-0.136*** (0.043)
	同居	-0.091 (0.127)	-0.081 (0.127)	-0.105 (0.129)	-0.122 (0.128)

续表

		(1)	(2)	(3)	(4)
		OLS	OLS	随机效应 RE	固定效应 FE
婚姻状况	离婚	-0.079 (0.060)	-0.071 (0.060)	-0.096 (0.060)	-0.094 (0.059)
	丧偶	-0.108** (0.053)	-0.113** (0.053)	-0.111** (0.053)	-0.120** (0.052)
教育程度	小学	-0.080*** (0.017)	-0.082*** (0.017)	-0.030** (0.015)	-0.068*** (0.015)
	初中	-0.128*** (0.024)	-0.128*** (0.024)	-0.002 (0.017)	-0.096*** (0.018)
	高中	-0.179*** (0.034)	-0.175*** (0.034)	0.004 (0.023)	-0.129*** (0.025)
	专科	-0.296*** (0.049)	-0.284*** (0.049)	-0.069* (0.035)	-0.225*** (0.037)
	本科	-0.331*** (0.065)	-0.314*** (0.065)	-0.019 (0.050)	-0.237*** (0.052)
	硕士	-0.399** (0.188)	-0.371** (0.188)	-0.030 (0.184)	-0.293 (0.184)
	博士	-0.042 (0.513)	-0.045 (0.513)	0.340 (0.516)	0.004 (0.512)
健康状况	一般	-0.014 (0.015)	-0.013 (0.015)	-0.039*** (0.014)	-0.019 (0.014)
	比较不健康	-0.072*** (0.019)	-0.069*** (0.019)	-0.178*** (0.016)	-0.080*** (0.018)
	不健康	-0.068*** (0.021)	-0.066*** (0.021)	-0.170*** (0.018)	-0.082*** (0.020)
	非常不健康	-0.075*** (0.025)	-0.072*** (0.025)	-0.193*** (0.023)	-0.082*** (0.024)
家庭结构	家庭人口数	-0.045*** (0.008)	-0.047*** (0.008)	-0.001 (0.005)	-0.034*** (0.006)
	抚养比	0.087** (0.036)	0.091** (0.036)	-0.025 (0.032)	0.069** (0.033)

续表

		（1）	（2）	（3）	（4）
		OLS	OLS	随机效应 RE	固定效应 FE
家庭结构	就业人数	0.011*	0.008	0.006	0.014**
		（0.006）	（0.006）	（0.006）	（0.006）
	城乡	-0.044**	0.320***	0.224***	0.255***
		（0.019）	（0.067）	（0.063）	（0.063）
地区		控制	控制	不控制	控制
年份		控制	控制	不控制	控制
常数项		-3.834***	-3.966***	-2.729***	-3.663***
		（0.314）	（0.314）	（0.132）	（0.151）
样本量		8987	8987	8987	8987
Adj R^2		0.3087	0.3111	0.2926	0.2741

注：表中给出各变量的估计系数和标准差。***、**、*分别表示在1%、5%和10%水平下显著。婚姻状况的基准组为未婚，受教育程度的基准组为未上学，健康状况的基准组为健康。由于篇幅原因，时间和省份虚拟变量回归结果省略。下同。

（二）随机效应和固定效应

为避免个体差异及时间变化所产生的内生性问题，这里还根据面板数据特征，分别采用固定效应和随机效应模型进行分析①。如表6-8模型（3）和模型（4）所示，结果与OLS模型结论一致。房价上涨对城乡家庭储蓄率的影响显著为负，房价与城乡虚拟变量的交叉项对家庭储蓄率的影响显著为负。永久性收入和收入不确定性对家庭储蓄率的影响显著为正，且收入不确定性对家庭储蓄率的影响大于永久性收入。党员身份并不会提高家庭储蓄率，党员家庭储蓄率低于非党员。主事者年龄越大，家庭储蓄率越高。主事者健康状况越好，家庭储蓄率越低。这是因为年龄越大或健康状况越差的家庭储蓄动机更强。已婚家庭储蓄率低于未婚家庭，主事者教育程度越高，家庭储蓄率越低。家庭人口规模越大，家庭储蓄率越高。家庭抚养比越大，意味着家庭负担越

---

① 根据Hausman检验发现，本章更倾向于固定效应模型，后文研究中没有特别说明则均使用固定效应模型。

第六章 房价波动对城乡家庭储蓄率的影响：基于微观数据的分析

重，家庭储蓄率越高。家庭就业人员比重越高，家庭储蓄率也越高。

（三）预期房价增长率的影响

上文仅考察了房价水平变化对城乡家庭储蓄率的影响，这里将进一步探究预期房价增长率对城乡家庭储蓄率的影响。1998年房改以来，中国房地产价格持续快速上涨，人们对于房地产市场充满信心。一方面，预期房价快速攀升迫使无房家庭"为买房而储蓄"；另一方面，预期房价快速攀升使得部分有房家庭"为换房而储蓄"。为了进一步探究预期房价增长率对家庭储蓄率的影响，这里将引入预期房价增长率作为解释变量进行分析。

表6-9模型（3）和模型（4）的结果一致，预期房价增长率与城乡交叉项对家庭储蓄率的影响显著为正[①]。即预期房价增长率对城镇家庭储蓄率的正向影响大于农村家庭。这可能是由于农村地区自有住房大多是自建房，而这里预期房价增长率是根据商品房销售价格计算，商品房价格增长率更能反映城镇地区房价的增长变化情况。由此可见，房价波动对城乡家庭储蓄率的影响来自两方面：一方面是房价水平的影响，另一方面是预期房价增长率的影响。当房价水平提高时，房价对城乡家庭储蓄影响的"财富效应"使得家庭储蓄率下降。当预期房价增长率提高时，房价使得城乡家庭"为购房而储蓄"的储蓄动机不断加强。

表6-9　　　　高房价与高储蓄率的回归结果（二）

		（1）	（2）	（3）	（4）
		OLS	FE	OLS	FE
	房价对数	-0.044*** (0.007)	-0.047*** (0.007)	-0.044*** (0.007)	-0.047*** (0.007)
	房价对数×城乡	-0.053*** (0.010)	-0.048*** (0.009)	-0.053*** (0.010)	-0.048*** (0.009)

---

① 使用商品房销售价格和住宅商品房销售价格计算的房价增长率对家庭储蓄率的影响结果一致，后文为了分析便捷，只使用商品房销售价格计算房价增长率。

续表

		(1) OLS	(2) FE	(3) OLS	(4) FE
商品房销售价格增长率	房价增长率	0.439 (0.326)	0.602** (0.282)		
	房价增长率×城乡	0.765** (0.306)	0.687** (0.296)		
住宅商品房销售价格增长率	房价增长率			0.290 (0.282)	0.443* (0.243)
	房价增长率×城乡			0.742*** (0.273)	0.691*** (0.263)
	永久性收入	0.463*** (0.032)	0.381*** (0.017)	0.453*** (0.032)	0.379*** (0.018)
	收入不确定性	0.458*** (0.008)	0.451*** (0.008)	0.459*** (0.008)	0.451*** (0.008)
	城乡	0.236*** (0.075)	0.231*** (0.069)	0.241*** (0.075)	0.226*** (0.069)
	地区	控制	控制	控制	控制
	年份	控制	控制	控制	控制
	样本量	8956	8956	8956	8956
	Adj R^2	0.3035	0.2850	0.3036	0.2837

注：由于篇幅原因，这里只显示永久性收入、收入不确定性、房价、城乡以及收入不确定性与城乡交叉变量的回归结果。省略控制变量回归结果，控制变量包含主事者的性别、年龄、党员、婚姻状况、受教育程度以及健康状况，家庭人口数、抚养比和家庭就业人员数。下同。

第四节　稳健性检验

前文探究了房价对城乡家庭储蓄率的影响，并采用 OLS 模型、随机效应模型和固定效应模型进行分析，结果表明房价波动对城乡家庭储蓄率的影响来自两个方面：一方面是房价水平的影响；另一方面是预期房价增长率的影响。当房价水平提高时，房价对城乡家庭储蓄率影响的"财富效应"使得家庭储蓄率下降。当预期房价增长率提高时，城乡家庭"为购房而储蓄"的储蓄动机不断增强使得家庭储蓄率上涨。为了进一步检验结果的稳健性，接下来将考察不同估算口径下的储蓄率和房价指标对估计结果的影响，通过引入房价与人均住房面积交叉项检验房价波动对中国城乡家庭储蓄率的影响。

一 储蓄率指标

上文使用的储蓄率是根据家庭可支配收入和消费性支出计算而得，消费性支出中包含了教育支出和医疗支出这两项，而这两项支出具有偶然性，不属于日常性消费开支。为了消除个别家庭教育支出和医疗支出对估计结果的影响，这里将使用日常性开支和家庭可支配收入计算储蓄率。考虑到目前消费度量中只考虑了实际租赁租金，忽略了自有住房折算租金的问题。为避免住房价格上升导致的储蓄率测量误差问题，这里参照陈斌开和杨汝岱（2013）的方法，将自有住房估算租金同时计入收入和消费，得到包含自有住房估算租金的储蓄率指标。结果如表6-10所示，无论使用哪一种储蓄率指标，房价上涨对家庭储蓄率影响的"财富效应"更为显著，从而导致家庭储蓄率下降。预期房价增长率上升使得家庭"为购房而储蓄"的储蓄动机增强，从而导致家庭储蓄率上升。

表6-10　高房价与高储蓄率的固定效应回归结果（三）

	（1）	（2）	（3）	（4）
	不包含自有住房估算租金		包含自有住房估算租金	
	储蓄率1	储蓄率2	储蓄率1	储蓄率2
房价对数	-0.047***	-0.046***	-0.034***	-0.051***
	(0.007)	(0.006)	(0.006)	(0.005)
房价对数×城乡	-0.048***	-0.040***	-0.049***	-0.043***
	(0.009)	(0.008)	(0.008)	(0.007)
房价增长率	0.602**	0.520**	0.510**	0.348*
	(0.282)	(0.236)	(0.236)	(0.197)

续表

	（1）	（2）	（3）	（4）
	不包含自有住房估算租金		包含自有住房估算租金	
	储蓄率1	储蓄率2	储蓄率1	储蓄率2
房价增长率×城乡	0.687**	0.669***	0.397	0.342*
	（0.296）	（0.248）	（0.248）	（0.207）
永久性收入	0.381***	0.290***	0.299***	0.237***
	（0.017）	（0.015）	（0.015）	（0.012）
收入不确定性	0.451***	0.337***	0.374***	0.299***
	（0.008）	（0.006）	（0.006）	（0.005）
城乡	0.231***	0.172***	0.273***	0.230***
	（0.069）	（0.058）	（0.058）	（0.048）
地区	控制	控制	控制	控制
年份	控制	控制	控制	控制
样本量	8956	8956	8956	8956
Adj R^2	0.2905	0.2415	0.2894	0.2712

二 房价指标

上文使用的房价变量是根据问卷中"现住房当前市场总价"和"现住房的建筑面积"得到现住房自估房价，但是自估房价可能会存在内生性问题[①]。为避免内生性对回归结果的影响，这里将使用村居平均房价作为工具变量进行检验。村居平均房价的计算步骤如下：首先根据家庭"现住房当前市场总价"计算该村居所有家庭现居住房总价值，然后根据家庭"现住房的建筑面积"计算该村居所有家庭现居住房总面积，最后根据现居住房总价值和总面积计算村居平均房价。回归结果如表6-11所示，当使用村居平均房价作为房价的工具变量时，结论与上文基本一致，房价上涨对家庭储蓄率的影响显著为负，预期房价增长率上涨对城镇家庭储蓄率有显著正向影响。

---

① 2010年调查对象均需回答现居住房价值和面积，2016年调查对象均需回答现居住房面积，但是现住房价值仅产权全部或部分为家庭成员所有的家庭需要回答，2016年年末回答现居住房价值的样本房价用村居平均房价替代。

表6-11 高房价与高储蓄率的工具变量法固定效应回归结果（四）

	(1)	(2)	(3)	(4)
	不包含自有住房估算租金		包含自有住房估算租金	
	储蓄率1	储蓄率2	储蓄率1	储蓄率2
房价对数	-0.058***	-0.055***	-0.044***	-0.055***
	(0.016)	(0.014)	(0.014)	(0.011)
房价对数×城乡	-0.006	-0.002	-0.013	-0.010
	(0.011)	(0.009)	(0.009)	(0.008)
房价增长率	0.472*	0.405*	0.386	0.228
	(0.282)	(0.236)	(0.236)	(0.198)
房价增长率×城乡	0.677**	0.654***	0.415*	0.334
	(0.299)	(0.250)	(0.250)	(0.209)
永久性收入	0.358***	0.270***	0.279***	0.213***
	(0.021)	(0.018)	(0.018)	(0.015)
收入不确定性	0.444***	0.333***	0.368***	0.293***
	(0.009)	(0.007)	(0.007)	(0.006)
城乡	-0.036	-0.078	0.062	0.029
	(0.099)	(0.083)	(0.083)	(0.070)
地区	控制	控制	控制	控制
年份	控制	控制	控制	控制
样本量	8956	8956	8956	8956
Adj R^2	0.2866	0.2378	0.2842	0.2647

三 现居住房人均面积

考虑到家庭现居住房人均面积可能会影响到房价对家庭储蓄的决策，这里将引入现居住房人均面积与房价对数的交叉项和现居住房人均面积与预期房价增长率的交叉项进行分析。结果如表6-12所示，无论使用哪一种储蓄口径进行分析，得到的结论与前文一致。房价上涨对家庭储蓄率影响的"财富效应"更为显著，从而导致家庭储蓄率下降。预期房价增长率上升使得家庭"为购房而储蓄"的储蓄动机增强，从而导致家庭储蓄率上升。引入现居住房人均面积与房价对数和房价增长率交叉向后，现居住房人均面积与房价对数交叉项显著为负，现居住房人均面积与预期房价增长率交叉项不显著。这说明房价波动对家庭储蓄的影响与住房面积有关，现居住房人均面积越大，房价上涨对家庭储蓄率影响的"财富效应"越大。

表 6-12　高房价与高储蓄率的固定效应回归结果（五）

	（1）	（2）	（3）	（4）
	不包含自有住房估算租金		包含自有住房估算租金	
	储蓄率 1	储蓄率 2	储蓄率 1	储蓄率 2
房价对数	-0.042*** （0.007）	-0.040*** （0.006）	-0.030*** （0.006）	-0.044*** （0.005）
房价对数×城乡	-0.054*** （0.009）	-0.047*** （0.008）	-0.054*** （0.008）	-0.051*** （0.007）
房价对数×人均面积	-0.000*** （0.000）	-0.000*** （0.000）	-0.000** （0.000）	-0.000*** （0.000）
房价增长率	0.729** （0.332）	0.561** （0.278）	0.691** （0.278）	0.582** （0.232）
房价增长率×城乡	0.639** （0.296）	0.606** （0.248）	0.361 （0.248）	0.281 （0.207）
房价增长率×人均面积	-0.002 （0.004）	0.000 （0.003）	-0.003 （0.003）	-0.004 （0.003）
人均面积	0.001 （0.000）	0.001* （0.000）	0.001* （0.000）	0.001*** （0.000）
永久性收入	0.396*** （0.018）	0.307*** （0.015）	0.311*** （0.015）	0.257*** （0.012）
收入不确定性	0.454*** （0.008）	0.341*** （0.006）	0.377*** （0.006）	0.303*** （0.005）
城乡	0.269*** （0.070）	0.214*** （0.058）	0.305*** （0.058）	0.281*** （0.049）
地区	控制	控制	控制	控制
年份	控制	控制	控制	控制
样本量	8956	8956	8956	8956
Adj R^2	0.2929	0.2455	0.2919	0.2791

第六章　房价波动对城乡家庭储蓄率的影响：基于微观数据的分析

第五节　房价对储蓄率的机制分析

上文比较了房价对不同口径家庭储蓄率的影响差异，采用工具变量法缓解自估房价的内生性问题，并引入现居住房人均面积与房价交叉项对估计结果进行稳健性检验。结果证实房价波动对城乡家庭储蓄率的影响来自两个方面：一方面是房价水平的影响；另一方面是预期房价增长率的影响。本节将从生命周期、储蓄率水平、收入水平、房产水平和房产类型五个方面考察房价波动对中国家庭储蓄率的作用机制。

一　生命周期各阶段房价的影响

考虑到生命周期各阶段家庭储蓄动机不同，房价波动对生命周期各阶段家庭储蓄率的影响有所不同。结果如表6-13所示，随着主事者年龄的提高，房价对城乡家庭储蓄率的影响差异不断缩小。当主事者年龄为20—29岁的年轻家庭，房价上涨10%，城镇家庭储蓄率将比农村家庭减少0.95。当主事者年龄为60岁及以上的退休家庭，房价对城乡家庭储蓄率的影响并没有显著差异。对于农村家庭而言，房价上涨10%，30—49岁的中青年家庭储蓄率下降0.40左右，50—59岁的老年家庭储蓄率下降0.53，60岁及以上的退休家庭储蓄率下降0.73。对于城镇家庭而言，房价上涨10%，除了60岁及以上家庭以外，其他年龄段家庭储蓄率均下降0.90以上。由此可见，对于生命周期各阶段，房价上涨对城镇家庭储蓄率影响的"财富效应"显著大于农村家庭。预期房价增长率仅对50—59岁的城镇老年家庭储蓄率有显著正向影响，这可能是由于50—59岁的老年家庭正面临子女结婚，为购置婚房而进行储蓄的动机较强。当预期房价增长率提高时，城镇老年家庭"为购房而储蓄"的储蓄动机更强。

145

表 6-13　高房价与高储蓄率的固定效应回归结果（六）

	（1） 20—29 岁	（2） 30—39 岁	（3） 40—49 岁	（4） 50—59 岁	（5） 60 岁及以上
房价对数	0.020 （0.035）	-0.043** （0.017）	-0.040*** （0.011）	-0.053*** （0.011）	-0.073*** （0.021）
房价对数×城乡	-0.095* （0.051）	-0.057** （0.024）	-0.055*** （0.016）	-0.051*** （0.016）	-0.002 （0.027）
房价增长率	1.717 （1.457）	0.277 （0.676）	0.668 （0.478）	0.494 （0.499）	1.169 （0.853）
房价增长率×城乡	-2.382 （1.736）	0.339 （0.756）	0.101 （0.511）	1.322*** （0.500）	0.583 （0.933）
永久性收入	0.416*** （0.098）	0.431*** （0.044）	0.386*** （0.031）	0.375*** （0.029）	0.325*** （0.048）
收入不确定性	0.469*** （0.045）	0.475*** （0.019）	0.484*** （0.013）	0.427*** （0.013）	0.417*** （0.021）
城乡	0.767* （0.95）	0.272 （0.184）	0.364*** （0.122）	0.215* （0.115）	-0.110 （0.188）
地区	控制	控制	控制	控制	控制
年份	控制	控制	控制	控制	控制
样本量	335	1464	3297	2906	952
Adj R^2	0.2628	0.2742	0.3007	0.2950	0.3169

二　不同储蓄率水平下房价的影响

这里将使用分位数回归法探究不同储蓄率水平下房价波动对家庭储蓄率的影响，结果如表 6-14 所示。随着家庭储蓄率的提高，房价上涨对家庭储蓄率影响的"财富效应"越来越小，且城乡家庭的"财富效应"差异越来越小。也就是说，家庭储蓄率水平越低，房价波动对家庭储蓄决策的影响越大。这可能是由于低储蓄率家庭的收入水平较低，低收入家庭对房价波动较为敏感。因此，本节还将进一步探究不同收入水平下，房价波动对家庭储蓄率的影响。

表 6-14 高房价与高储蓄率的面板分位数回归结果（七）

	（1）	（2）	（3）	（4）	（5）
	10%	25%	50%	75%	90%
房价对数	-0.060**	-0.049***	-0.041***	-0.036***	-0.032**
	(0.024)	(0.013)	(0.009)	(0.011)	(0.013)
房价对数×城乡	-0.071**	-0.059***	-0.050***	-0.044***	-0.040**
	(0.032)	(0.018)	(0.012)	(0.014)	(0.018)
房价增长率	0.906	0.597	0.363	0.203	0.092
	(1.177)	(0.660)	(0.447)	(0.529)	(0.671)
房价增长率×城乡	1.287	0.942	0.680*	0.501	0.377
	(1.038)	(0.582)	(0.395)	(0.467)	(0.592)
永久性收入	0.674***	0.534***	0.429***	0.356***	0.306***
	(0.110)	(0.062)	(0.042)	(0.049)	(0.063)
收入不确定性	0.671***	0.530***	0.424***	0.351***	0.301***
	(0.027)	(0.015)	(0.010)	(0.012)	(0.015)
城乡	0.408*	0.325**	0.263	0.220	0.190
	(0.227)	(0.144)	(0.201)	(0.275)	(0.332)
地区	控制	控制	控制	控制	控制
年份	控制	控制	控制	控制	控制

三 不同收入水平下房价的影响

这里将根据家庭可支配收入进行五等分组，考察房价波动对各收入组家庭储蓄率的影响差异。结果如表6-15所示，房价上涨对各收入组家庭储蓄率均有显著负向影响。房价上涨对中等收入组家庭储蓄率影响的"财富效应"最大，其次是最低收入组。预期房价增长率对低收入组（最低收入组和中低收入组）家庭储蓄率的影响显著为正，预期房价增长率对中、高收入组（中等收入组、中高收入组和最高收入组）家庭储蓄率的影响不显著。根据CFPS2010—2016年数据分析发现，最低收入组和中低收入组家庭无房比例高于其他收入组，当预期房价增长率越高时，最低收入组和中低收入组家庭"为购房而储蓄"的储蓄动机更为强烈。

表 6-15　　高房价与高储蓄率的固定效应回归结果（八）

	（1）最低收入组	（2）中低收入组	（3）中等收入组	（4）中高收入组	（5）最高收入组
房价对数	-0.053***	-0.045***	-0.055***	-0.038***	-0.038***
	(0.016)	(0.016)	(0.013)	(0.014)	(0.014)
房价对数×城乡	-0.048*	-0.042*	-0.022	-0.055***	-0.044**
	(0.028)	(0.024)	(0.019)	(0.019)	(0.018)
房价增长率	2.005***	1.295**	-0.049	-0.030	-0.273
	(0.748)	(0.652)	(0.561)	(0.558)	(0.568)
房价增长率×城乡	0.488	-0.447	0.810	0.744	1.879***
	(0.951)	(0.745)	(0.615)	(0.557)	(0.537)
永久性收入	0.563***	0.490***	0.533***	0.357***	0.175***
	(0.064)	(0.093)	(0.105)	(0.085)	(0.035)
收入不确定性	0.537***	0.625***	0.548***	0.431***	0.225***
	(0.033)	(0.084)	(0.099)	(0.080)	(0.023)
城乡	0.191	0.294	0.008	0.279**	0.108
	(0.212)	(0.184)	(0.144)	(0.142)	(0.134)
地区	控制	控制	控制	控制	控制
年份	控制	控制	控制	控制	控制
样本量	1775	1768	1803	1806	1804
Adj R^2	0.1521	0.1003	0.1183	0.0792	0.1199

四　不同房产水平下房价的影响

考虑到不同财产水平下房价波动对家庭储蓄决策的影响有所不同，这里将根据家庭净房产占家庭净财产的比重衡量家庭房产水平进行五等分组，考察不同房产水平下房价波动对家庭储蓄率的影响差异。结果如表 6-16 所示，随着房产占家庭财产比重的不断提高，房价上涨对家庭储蓄率影响的"财富效应"呈倒"U"形。即家庭房产水平越高，房价上涨对家庭储蓄率影响的"财富效应"先上升后下降。房价上涨对中等房产家庭储蓄率影响的"财富效应"最大。而预期房价增长率越高，房价对中等及以下房产水平家庭储蓄率有显著正向影响。即预期房价增长率越高，房产水平越低的家庭"为购房而储蓄"的储蓄动机越强。

表 6-16　高房价与高储蓄率的固定效应回归结果（九）

	（1）	（2）	（3）	（4）	（5）
	最低组	中低组	中等组	中高组	最高组
房价对数	-0.053***	-0.082***	-0.095***	-0.094***	-0.051**
	(0.015)	(0.019)	(0.020)	(0.025)	(0.020)
房价对数×城乡	-0.064**	-0.079***	-0.036	-0.004	-0.057**
	(0.028)	(0.028)	(0.026)	(0.028)	(0.023)
房价增长率	1.562**	1.236**	1.292**	-0.303	0.234
	(0.685)	(0.627)	(0.622)	(0.701)	(0.742)
房价增长率×城乡	1.376	-0.704	-0.432	1.062	1.394**
	(1.276)	(0.804)	(0.712)	(0.684)	(0.704)
永久性收入	0.337***	0.456***	0.418***	0.380***	0.392***
	(0.056)	(0.045)	(0.039)	(0.038)	(0.039)
收入不确定性	0.451***	0.467***	0.482***	0.435***	0.472***
	(0.019)	(0.018)	(0.017)	(0.019)	(0.018)
城乡	0.172	0.444**	0.193	-0.100	0.311*
	(0.206)	(0.205)	(0.193)	(0.205)	(0.176)
地区	控制	控制	控制	控制	控制
年份	控制	控制	控制	控制	控制
样本量	1287	1780	1733	1709	1703
Adj R^2	0.3317	0.2771	0.3306	0.2481	0.3291

五　不同房产类型下房价的影响

为了进一步讨论房价波动对不同房产类型家庭储蓄率的影响差异。这里将根据现住房产权类型将家庭划分为有房家庭和租房家庭①，如表 6-17 模型（1）和模型（2）结果所示，房价波动对租房家庭储蓄率没有显著影响，但房价波动对有房家庭储蓄率的影响较为显著。

---

① 租房家庭是根据现住房产权定义，租房家庭只是现居住没有产权，但可能存在租房家庭有其他房产。因此，这里的租房家庭不等于无房家庭。

一方面，房价上涨对家庭储蓄率影响的"财富效应"使得有房家庭储蓄率下降。另一方面，预期房价增长率上升使得有房家庭"为购房而储蓄"的储蓄动机增强。无论是房价上涨带来的"财富效应"，还是预期房价增长率上升带来的"为购房而储蓄"的储蓄动机，房价波动对城镇家庭储蓄率的影响显著大于农村家庭。

表6-17 高房价与高储蓄率的固定效应回归结果（十）

	（1）有房家庭	（2）租房家庭	（3）无房	（4）一套房	（5）多套房
房价对数	-0.049*** (0.007)	-0.000 (0.044)	-0.008 (0.047)	-0.054*** (0.007)	-0.018 (0.018)
房价对数×城乡	-0.049*** (0.009)	-0.009 (0.067)	0.052 (0.067)	-0.037*** (0.010)	-0.101*** (0.023)
房价增长率	0.513* (0.286)	2.915 (2.092)	6.018*** (2.178)	0.504 (0.309)	0.788 (0.772)
房价增长率×城乡	0.826*** (0.301)	-1.363 (3.446)	-5.198 (3.583)	0.654** (0.331)	1.173 (0.739)
永久性收入	0.378*** (0.018)	0.386*** (0.111)	0.399*** (0.120)	0.381*** (0.020)	0.386*** (0.041)
收入不确定性	0.452*** (0.008)	0.423*** (0.044)	0.429*** (0.045)	0.470*** (0.008)	0.388*** (0.018)
城乡	0.227*** (0.070)	0.179 (0.524)	-0.015 (0.532)	0.175** (0.077)	0.505*** (0.170)
地区	控制	控制	控制	控制	控制
年份	控制	控制	控制	控制	控制
样本量	8587	283	265	7182	1448
Adj R^2	0.2940	0.3765	0.4019	0.3032	0.2525

这里还根据房产个数将家庭划分为无房家庭、一套房家庭和多套房家庭进行分析，如模型（3）至模型（5）结果所示，房价上涨对无房家庭储蓄率的影响并不显著，但是预期房价增长率上升对无房家庭储蓄率有显著正向影响。这与预期一致，即房价上涨对无房家庭并不能产生"财富效应"，但是预期房价增长率上升使得无房家庭"为

第六章 房价波动对城乡家庭储蓄率的影响：基于微观数据的分析

购房而储蓄"的储蓄动机增强。房价波动对一套房和多套房家庭储蓄率的影响存在差异。对于一套房家庭，房价上涨对城乡家庭储蓄率有显著负向影响，预期房价增长率对城乡家庭储蓄率有显著正向影响，且房价波动对城镇家庭的影响显著大于农村家庭。对于多套房家庭，房价上涨对城镇家庭储蓄率有显著负向影响，预期房价增长率对城乡家庭储蓄率没有显著影响。

综上所述，对于无房家庭，房价波动只会产生"为购房而储蓄"的储蓄动机。对于一套房家庭，房价波动会同时产生"财富效应"和"为购房而储蓄"的储蓄动机。对于多套房家庭，房价波动仅会产生"财富效应"，而不存在"为购房而储蓄"的储蓄动机。

第六节 本章小结

本章使用 2010—2016 年中国家庭追踪调查数据（China Family Panel Studies，CFPS）引入收入不确定因素后，通过房价水平和房价预期增长率从"财富效应"和"为购房而储蓄"的储蓄动机两方面探究房价波动对中国城乡家庭储蓄率的影响。为避免个体差异所产生的内生性问题，本章还分别采用随机效应和固定效应模型进行分析。结果证实房价波动对城乡家庭储蓄的影响来自两个方面：一方面是房价水平的影响，另一方面是预期房价增长率的影响。当房价水平提高时，房价上涨对城乡家庭储蓄影响的"财富效应"使家庭储蓄率下降。当房价预期增长率上升时，城乡家庭"为购房而储蓄"的储蓄动机不断增强使得家庭储蓄率上升。收入不确定性对家庭储蓄率的影响显著为正，再次证实了预防性储蓄动机的存在。

为了进一步检验结论的稳健性，本章考察不同估算口径下的家庭储蓄率和房价指标对估计结果的影响，通过引入房价与人均住房面积交叉项检验房价波动对家庭储蓄的影响，使用村居平均房价作为房价的工具变量进行检验。结果与之前一致，房价上涨对家庭储蓄率影响的"财富效应"使得家庭储蓄率下降，预期房价增长率上升会增强家庭"为买房而储蓄"的储蓄动机使得家庭储蓄率上升。引入现居住房人均面积与房价对数和房价增长率交叉向后,现居住房人均面积与房价对数交叉项显著为负,现居住房人均面积与房价增长率交叉项不显著。这说明房价波动对家庭储蓄的影响与住房面积有关,人均面积越大的家庭,房价上涨对家庭储蓄率影响的"财富效应"越大。

  本章还从生命周期各阶段、储蓄率水平、收入水平、房产水平和房产类型五个方面考察房价波动对家庭储蓄率的影响机制。根据家庭主事者年龄进行划分,预期房价增长率仅对城镇老年家庭储蓄率有显著正向影响,这可能是由于老年家庭正面临子女结婚,为购置婚房而进行储蓄的动机较强。也就是说,房价预期增长速度提高时,城镇老年家庭"为购房而储蓄"的储蓄动机更强。通过分位数回归法探究不同储蓄率水平下房价波动对家庭储蓄率的影响差异,随着家庭储蓄率的提高,房价上涨对家庭储蓄率影响的"财富效应"越来越小。根据家庭可支配收入进行五等分组,考察房价波动对各收入组别家庭储蓄率的影响差异。随着收入组别的不断提高,预期房价增长率对家庭储蓄率的影响越来越小。最低收入组和中低收入组家庭"为购房而储蓄"的储蓄动机更为强烈。

  本章还根据家庭净房产占家庭净资产的比重进行五等分组,考察不同房产水平下房价波动对家庭储蓄的影响差异。房价上涨对家庭储蓄率有显著的负向影响,随着房产水平不断提高,房价上涨对家庭储蓄率影响的"财富效应"呈倒"U"形变化。预期房价增长率越高,房产水平越低的家庭"为购房而储蓄"的储蓄动机越强。本章还探究了房价波动对不同房产类型家庭储蓄率的影响差异,对于无房家庭而言,房价波动只会产生"为购房而储蓄"的储蓄动机。对于一套房家庭,房价波动会同时产生"财富效应"和"为购房而储蓄"的储蓄动机。对于多套房家庭,房价波动仅会产生"财富效应",而不存在"为购房而储蓄"的储蓄动机。

第七章

房价波动对家庭财产积累的影响及机制分析

房价变化对家庭财产的影响主要分为两个层面：第一是房价变化对家庭消费—储蓄决策的影响，这是上章主要探讨的问题。第二是房价变化对家庭财产积累的影响，这是本章研究的重点。近年来房价快速攀升进一步扩大城乡家庭财产差距，加剧社会阶层分化。高房价成为能力者进入以房产进行财产积累的一道门槛（王天夫，2008）。一方面，房价上涨使得购房门槛进一步提高，有能力购买住房的家庭进一步减少；另一方面，房价上涨使得拥有住房的家庭财产进一步增值。房价上涨导致穷者越穷、富者越富的"马太效应"，房价持续上涨成为家庭财产差距不断扩大的主要推动力（王天夫，2008；李晓红，2012；李书华和王兵，2014；张建勤和舒红艳（2017）。Piketty（2014）指出财产增长速度远大于收入增长速度，富裕家庭财产积累速度更快。在当前中国房价快速上涨时期，通过房产增值积累财富的速度明显快于通过工资性收入积累财富（王天夫，2008；张建勤和舒红艳，2017）。

在改革开放之前，中国几乎没有私有财产。随着工业所有制改革、股票市场发展以及住房制度改革为家庭财产积累提供条件（Sato et al.，2011；Knight et al.，2016）。关于中国财产不平等问题的研究文献越来越多，McKinley（1993）和 Brenner（2000）分别使用 1988 年和 1995 年 CHIP 数据分析农村家庭净财产不平等，1988—1995 年农村家庭财产不平等的基尼系数由 0.30 上涨至 0.35。虽然农村家庭金融性财产不平等程度较高，但由于金融性资产所占比重较低，金融性财产对家庭净财产不平等的贡献度较小。Li 和 Zhao（2007）使用 1995 年和 2002 年 CHIP 数据分析城镇家庭财产结构及分配变化，1995—2002 年城镇家庭财产不平等程度加剧。1998 年住房私有化改革初期，公有住房以较低的价格出售给城镇家庭，从而加速城镇家庭财产积累，进而扩大城乡财产积累差距。

Sato 等（2013）使用 2002 年和 2007 年 CHIP 数据分析中国家庭住房财产分布及其对收入不平等的影响，住房私有制改革以来，房地产市场迅速发展，房价攀升加剧住房不平等。2002—2007 年中国城乡家庭住房财产不平等程度加重，自有住房估算租金不平等使得城镇家庭收入不平等加剧。Tan 等（2016）使用 1989—2011 年 CHNS 数据探究中国城镇家庭住房财产不平等的变化情况，1989—2011 年中国城镇家庭住房财产不平等程度呈 U 形变化，即先下降后上涨。Knight 等（2016）使用 2002 年和 2013 年 CHIP 数据分析房价变化对中国城乡家庭住房财产积累的影响，2002—2013 年中国家庭财产差距不断扩大，住房对家庭财产不平等的贡献度最高。房价上涨加剧中国城乡家庭住房财产不平等，房价上涨使得有房家庭财产快速积累。Knight 等（2016）将住房财产的增长分为由房价通胀引起的部分和因住房数量实际增长引起的部分，考察了房价变化对中国家庭住房财产积累的贡献度。但是，由于使用的是非面板数据，这里的住房通胀指数是分地区计算，忽略了家庭异质性可能导致的住房通胀差异。

本书第三章使用 1998—2019 年国家统计局相关数据讨论了城镇家庭购房压力加重的原因，以及房价波动对家庭财产积累的影响。接下来，本章将使用 2010—2016 年中国家庭追踪调查数据（CFPS）探究房价波动对家庭财产积累的影响，并采用 OB 分解将房价波动对家庭财产积累的影响划分为禀赋效应和回报效应。考虑到房价波动对于不同类型家庭的财产积累影响存在差异，本章还根据家庭住房个数、主事者年龄和家庭净财产水平进行划分，考察房价波动对不同家庭财产积累的影响差异。相对于以往研究，本章不仅使用微观面板数据探

第七章 房价波动对家庭财产积累的影响及机制分析

究房价波动对家庭财产积累的影响,还考察房价波动对不同类型家庭财产积累的影响差异。另外,本章还将房价波动对家庭财产积累的影响分解为禀赋效应和回报效应进行分析。剩余部分结构如下:第一节为数据说明和统计描述。第二节为中国家庭房产结构变化:2010—2016年。第三节为房价对家庭财产积累的影响。第四部分为房价对家庭财产积累的机制分析。第五节为中国家庭财产积累分解:2010—2016年。第六部分为本章小结。

第一节 数据说明和统计描述

一 数据说明

本章数据来自2010—2016年中国家庭追踪调查,该调查问卷涉及家庭收入、财产、负债、消费等多方面的信息。选取问卷中"最熟悉家庭财务的成员"作为家庭主事者[①],2010年回答了"最熟悉家庭财务的成员"的家庭为14790户,2012年为12539户,2014年为13327户,2016年为11279户。2010—2016年四年匹配上的家庭有11203户,主事者匹配上的家庭有9830户。为了剔除通货膨胀对家庭财产积累的影响,收入、消费和财产变量均以2009年为基期根据消费者价格指数进行调整得到相应的实际值。

二 统计描述

(一)家庭财产分布

表7-1给出了2010—2016年中国城乡家庭财产变化情况,2010—2016年中国城乡家庭净财产不断提高,且增长速度不断加快。城镇家庭净财产是农村家庭的2.40—3.06倍,城镇家庭净房产是农

---

① CFPS2010—2016年调查问卷中有关家庭主事者的问题分别是:2010年"谁是家庭主事者",2012年"最熟悉家庭财务的成员",2014年和2016年"财务回答人"。该问题的回答率高达90%以上,2010年回答率为98.86%,2012年为93.95%,2014年为96.02%,2016年为95%。

村家庭的 3.23—3.70 倍[①]。进一步分析各分项资产占家庭净资产的比重变化情况，房产占家庭净资产的比重最高，2010—2016 年中国城乡家庭房产净值约占家庭净资产的 80%，城镇家庭房产净值占比（81%—87%）高于农村家庭（60%—67%）。城镇家庭金融性净资产是农村家庭的 5 倍以上，但城乡家庭金融性净资产占家庭净资产的比重较低不到 10%。由此可见，房产不平等是扩大城乡家庭财产差距的关键因素，房价上涨对城乡家庭财产积累的影响较大。

表 7-1　　　　2010—2016 年中国城乡家庭分项财产占比

全体（元）	2010 年	2012 年	2014 年	2016 年
土地价值	17358（7%）	21539（7%）	25409（7%）	16538（4%）
房产净值	193860（79%）	212739（74%）	270564（78%）	357765（78%）
金融财产	13645（6%）	31439（10%）	36566（11%）	51361（11%）
经营性财产	4643（2%）	18843（7%）	12588（4%）	14681（3%）
其他财产	19962（8%）	15117（5%）	9572（3%）	29285（6%）
非房贷款	-5334（-2%）	-9998（-3%）	-8797（-3%）	-9588（-2%）
家庭总财产	246223	299302	354566	478980
家庭净财产	244189	289684	345962	460079
城镇家庭（元）	2010 年	2012 年	2014 年	2016 年
土地价值	0（0%）	0（0%）	0（0%）	0（0%）
房产净值	346400（87%）	349218（81%）	441961（84%）	580069（81%）
金融财产	23812（6%）	50840（12%）	61345（12%）	83410（11%）
经营性财产	7680（2%）	22229（5%）	16759（3%）	18262（3%）
其他财产	25735（6%）	21353（5%）	14015（3%）	40019（6%）
非房贷款	-4964（-1%）	-10880（-3%）	-9283（-2%）	-10159（-1%）
家庭总财产	402169	441989	532351	737983
家庭净财产	398690	432767	524913	711715

---

① 2010—2016 年城镇家庭净资产与农村家庭净资产的比值分别为 2.73、2.40、2.55 和 3.06；2010—2016 年城镇家庭房产净值与农村家庭房产净值的比值分别为 3.57、3.23、3.27 和 3.70。

续表

农村家庭（元）	2010 年	2012 年	2014 年	2016 年
土地价值	29819（20%）	38199（21%）	46088（22%）	31625（14%）
房产净值	97137（66%）	108086（60%）	135005（66%）	156864（67%）
金融财产	6442（5%）	16618（9%）	17174（8%）	22479（10%）
经营性财产	2471（2%）	16315（9%）	9410（5%）	11427（5%）
其他财产	15819（11%）	10380（6%）	6170（3%）	19555（8%）
非房贷款	-5601（-4%）	-9300（-5%）	-8486（-4%）	-9077（-4%）
家庭总财产	149545	190099	213776	247135
家庭净财产	146140	180268	205463	232848

（二）家庭房产分布

前文探讨了中国城乡家庭财产分布情况，房产占家庭净财产的比重最高。这里将根据家庭净财产进行十等分组探究2010—2016年各组家庭房产变化情况。如表7-2所示，随着家庭财产组别上升，家庭住房个数和房产价值不断上升，房产占家庭净财产的比重也在不断上升。这里还计算每一组别家庭住房财产占总房产的比重变化，随着家庭财产组别上升，家庭住房财产占总房产的比重不断提高，最高财产组家庭住房财产占总房产的比重最高。2010年家庭净财产前10%的家庭所拥有的住房财产占总房产的58%，2016年该比重上升至61%。由此可见，中国家庭住房财产分布不均衡，房产大多集中在少数富裕家庭。综上所述，中国家庭住房财产占家庭净财产比重最高，房价上涨会加剧中国家庭财产积累差距。

表 7-2　　2010—2016 年不同财产组别下房产占比和个数变化

家庭财产分组	住房财产（元）		住房个数		住房财产占家庭净财产比重		住房财产占总房产比重	
	2010 年	2016 年	2010 年	2016 年	2010 年	2016 年	2010 年	2016 年
1	-9087	6671	0.67	0.58	0.36	-0.65	0.00	0.00
2	11087	20970	0.83	0.84	0.38	0.59	0.00	0.01
3	23103	44328	0.97	0.94	0.51	0.62	0.01	0.01

续表

家庭财产分组	住房财产（元）		住房个数		住房财产占家庭净财产比重		住房财产占总房产比重	
	2010年	2016年	2010年	2016年	2010年	2016年	2010年	2016年
4	35777	69578	1.00	0.95	0.55	0.64	0.02	0.02
5	52820	107133	1.06	0.98	0.62	0.70	0.03	0.03
6	74500	139731	1.07	1.03	0.65	0.68	0.04	0.04
7	106892	202601	1.13	1.05	0.70	0.72	0.04	0.06
8	156989	295401	1.18	1.15	0.74	0.73	0.09	0.08
9	259233	511702	1.26	1.24	0.77	0.75	0.16	0.14
10	960346	2141462	1.44	1.58	0.83	0.82	0.58	0.61

第二节 中国家庭房产结构变化（2010—2016年）

第一节探讨了中国家庭财产和住房分布情况，房产占家庭财产的比重最高。随着家庭财产水平的上升，家庭房产个数和价值不断上升，最高财产组家庭的住房财产占总房产的比重最高。接下来，本节将从房产类型探讨2010—2016年中国家庭房产结构变化。

一 房产类型变化

表7-3给出了2010年不同房产类型家庭占比情况，8%的家庭没有房产，79%的家庭拥有一套房，13%的家庭有两套及以上住房。通过比较生命周期各阶段家庭房产分布情况，年轻家庭组无房比重最高，退休前老年家庭组多套房比重最高。年轻家庭组（20—29岁）无房比重高于其他家庭组，老年家庭组（50—59岁）无房比重最低，老年家庭组（50—59岁）多套房比重高于其他家庭组。这里还根据2010年家庭净财产水平进行十等分组，考察不同房产类型家庭财产分布情况。如表7-4所示，无房家庭大多分布在低财产组，多套房家庭大多分布在高财产组，一套房家庭均匀分布在各财产组。另外，本节还

比较了各财产组家庭房产类型占比情况。随着家庭财产组别的提高，无房家庭占比不断下降，多套房家庭占比不断上升，一套房家庭占比呈倒"U"形变化。由此可见，财产水平较低的家庭无房比重较高，财产水平较高的家庭多套房比重较高，中等财产家庭大多拥有一套房。

表7-3　　　　　2010年不同房产类型家庭占比情况　　　　单位:%

2010年	全样本	20—29岁	30—39岁	40—49岁	50—59岁	60岁及以上
无房家庭	8	14	12	8	6	9
一套房家庭	79	76	76	81	79	80
多套房家庭	13	10	12	11	15	11
合计	100	100	100	100	100	100

表7-4　　　　　2010年不同房产类型家庭财产分布情况　　　　单位:%

2010年家庭财产分组	不同房产类型家庭财产分布			不同财产组别家庭房产类型占比		
	无房家庭	一套房家庭	多套房家庭	无房家庭	一套房家庭	多套房家庭
1	46	7	3	37	59	4
2	25	10	3	21	76	3
3	9	11	4	8	87	5
4	8	11	4	6	89	5
5	3	11	6	2	91	7
6	4	11	7	3	88	9
7	2	11	11	2	84	14
8	1	10	14	1	81	18
9	1	10	19	1	75	24
10	1	8	29	1	63	36

另外，本节还比较了2010—2016年中国家庭房产个数变化情况。首先，根据2010年房产个数将家庭划分为无房家庭、一套房家庭和多套房家庭。然后，计算2012年、2014年和2016年各房产类型家庭房产个数变化情况。如表7-5所示，当跨越的时间越长，各房产类型家庭保持原状的概率越低，一套房家庭维持原状的概率最高。2010—2016年34%的无房家庭仍然为无房家庭，56%的无房家庭转变为一套房家庭，9%的无房家庭转变为多套房家庭。2010—2016年76%的一

套房家庭仍然为一套房家庭，12%的一套房家庭转变为无房家庭，12%的一套房家庭转变为多套房家庭。2010—2016年35%的多套房家庭仍然为多套房家庭，54%的多套房家庭转变为一套房家庭，11%的多套房家庭转变为无房家庭。

表7-5　　　　　2010—2016年房产个数变化情况　　　　单位：%

各房产类型比重		2012年			2014年			2016年		
		无房家庭	一套房家庭	多套房家庭	无房家庭	一套房家庭	多套房家庭	无房家庭	一套房家庭	多套房家庭
2010年	无房家庭	36	59	5	35	60	6	34	56	9
	一套房家庭	5	87	8	8	82	10	12	76	12
	多套房家庭	3	54	43	7	57	36	11	54	35

二　房产价值变化

上文考察了2010—2016年中国家庭房产个数变化情况，90%以上的中国家庭拥有房产，大多数家庭仅拥有一套房。随着时间推移，各房产类型家庭维持原状的概率越来越低。无房家庭和多套房家庭房产类型变化较大，2010—2016年一半以上的无房家庭和多套房家庭转变为一套房家庭。这里将进一步探究2010—2016年不同房产类型家庭住房面积及价值变化情况。如表7-6所示，2010—2016年各房产类型家庭现居住房面积均有所上升，无房家庭住房面积最小，多套房家庭住房面积最大。对于2010年一套房和多套房家庭而言，即便2016年转变为无房家庭，其居住房面积仍然有所提高。对于2010年无房家庭而言，2010年现居住房面积越高的家庭，2010—2016年家庭购房概率越大，2016年转变为有房家庭的概率越高。2010—2016年各房产类型家庭现居住房价值均有所上涨，多套房家庭现居住房价值高于无房家庭和一套房家庭。对于有房家庭（一套和多套）而言，2010年现居住房价值越高，2016年现居住房价值也越高且拥有更多房产的可能性也越大。

表 7-6　2010—2016 年各房产类型家庭自住房面积及价值变化情况

2010 年现居住房面积（m²）		2016 年			2016 年现居住房面积（m²）		2016 年		
		无房	一套房	多套房			无房	一套房	多套房
2010 年	无房	65	79	86	2010 年	无房	74	101	102
	一套房	108	109	113		一套房	119	118	119
	多套房	118	114	118		多套房	121	120	123

2010 年现居住房价值（元）		2016 年			2016 年现居住房价值（元）		2016 年		
		无房	一套房	多套房			无房	一套房	多套房
2010 年	无房	135856	83128	79075	2010 年	无房	266089	201182	364574
	一套房	132803	140455	211836		一套房	190681	224998	366390
	多套房	144693	175872	265897		多套房	295374	322407	459275

注：由于 2016 年调查问卷中无房家庭不回答"现住房当前市场总价"，仅回答"现住房的建筑面积"。为了便于比较，这里 2010 年和 2016 年家庭现居住房价值根据村居平均房价和"现住房的建筑面积"计算而得。

为了更好地理解 2010—2016 年家庭房产类型的变化，这里将从家庭可支配收入和家庭净财产两方面考察购买力差异对家庭房产类型变化的影响。如表 7-7 所示，2010—2016 年各房产类型家庭可支配收入和净财产水平均有所上升，无房家庭可支配收入和净财产水平最低，多套房家庭可支配收入和净财产水平最高。对于 2010 年无房家庭而言，家庭可支配收入和净财产水平越高，2016 年拥有房产的可能性越大。由此可见，家庭可支配收入和净财产水平越高的家庭，其购房能力越强，2010—2016 年拥有更多房产的可能性也越大。

表 7-7　2010—2016 年各房产类型家庭可支配收入和净房产变化情况

单位：元

2010 年家庭可支配收入		2016 年			2016 年家庭可支配收入		2016 年		
		无房家庭	一套房家庭	多套房家庭			无房家庭	一套房家庭	多套房家庭
2010 年	无房家庭	26570	23608	38916	2010 年	无房家庭	44987	48846	83862
	一套房家庭	34580	33660	50570		一套房家庭	47816	54732	98195
	多套房家庭	63539	56090	79926		多套房家庭	58862	64588	104267

续表

2010年家庭净财产		2016年			2016年家庭净财产		2016年		
		无房家庭	一套房家庭	多套房家庭			无房家庭	一套房家庭	多套房家庭
2010年	无房家庭	27318	31808	48659	2010年	无房家庭	117407	305147	1029727
	一套房家庭	137403	180570	251375		一套房家庭	169390	331657	1117173
	多套房家庭	412247	463197	623650		多套房家庭	331492	588142	1503779

第三节 房价对家庭财产积累的影响

一 计量模型

根据已有文献选取相关变量，构造家庭净财产的决定方程：

$$\ln NW_{it} = \alpha_0 + \beta_1 X_{it} + \beta_2 Z_{it} + c_{it} + \mu_{it} \quad (7-1)$$

表达式中，i 为家庭主事者，$\ln NW_{it}$ 为家庭净财产对数，X_{it} 为房价（自估房价）对数和房产个数，Z_{it} 为控制变量集，包括主事者年龄、性别、党员身份、婚姻状况、受教育程度以及自评健康状况，家庭可支配收入对数[1]、家庭人口结构（家庭人口数和抚养比）、家庭劳动人数以及城乡划分。c_{it} 为省份虚拟变量，控制由于地区经济发展水平、金融环境、信贷约束等差异对家庭净财产的影响。其中，房价是根据CFPS问卷中"现住房当前市场总价"和"现住房的建筑面积"计算得到。为避免内生性和残缺值对结果的影响[2]，这里将使用地区房价均值作为本章房价变量进行分析。地区房价均值具体测算如下：首先，根据各年份村居编码划分区域；其次，根据"现住房当前市场总价"和"现住房的建筑面积"计算该地区现住房总价值和现

---

[1] 采取Carroll和Samwick（1995，1997）的方法，对家庭净财产、房价和家庭可支配收入进行对数处理。

[2] 2010年调查对象均需回答"现住房当前市场总价"，2012年、2014年和2016年仅现居住房产权全部或部分为家庭成员的调查对象回答"现住房当前市场总价"，因此无房产家庭不能通过"现住房当前市场总价"和"现住房的建筑面积"估算房价水平。

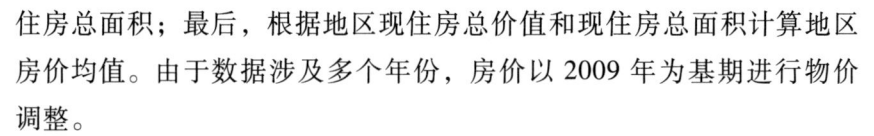

住房总面积；最后，根据地区现住房总价值和现住房总面积计算地区房价均值。由于数据涉及多个年份，房价以2009年为基期进行物价调整。

二 实证分析

表7-8模型（1）为OLS回归结果，房价上涨对城乡家庭财产的影响显著为正。这说明房价上涨有利于城乡家庭财产积累。家庭拥有的房产个数越多，家庭净财产越高。张建勤和舒红艳（2017）指出对于有房家庭，其房产价值随房价的上涨而上升，富裕家庭不再满足单一的住房需求，而更多地进行房产投资。拥有投资型住房的家庭，家庭财产随房价的上涨而上升；拥有消费型住房的家庭，房价的上涨虽然能引起家庭财产的增长，但由于所拥有的住房只为居住，房价上涨带来的财富效应并不显著；对于无房家庭，房价上涨加重了家庭的购房负担（李书华和王兵，2014）。因此，在探究房价对城乡家庭财产的影响时，应该考虑到不同家庭房产属性差异对家庭财产积累的影响。接下来，本章根据房产个数将家庭划分为有房家庭和无房家庭，有房家庭包括一套房家庭（消费型住房家庭）和多套房家庭（投资型住房家庭）。

表7-8　　　　　　房价对中国城乡家庭财产的影响

	OLS模型	RE模型	FE模型		
	（1）	（2）	（3）	（4）全样本	（5）城镇	（6）农村
房价对数	0.477***	0.198***	0.286***	0.259***	0.216***	0.368***
	(0.014)	(0.015)	(0.014)	(0.014)	(0.018)	(0.025)
房产个数	1.222***	0.112**	0.037	0.050	0.238***	0.059
	(0.022)	(0.055)	(0.055)	(0.055)	(0.075)	(0.086)
房价对数×是否有房		0.346***	0.356***	0.358***	0.398***	0.231***
		(0.009)	(0.009)	(0.009)	(0.012)	(0.016)
房价对数×是否多套房		0.091***	0.108***	0.104***	0.071***	0.105***
		(0.010)	(0.010)	(0.010)	(0.013)	(0.016)
家庭可支配收入对数	0.113***	0.117***	0.124***	0.117***	0.116***	0.111***
	(0.005)	(0.005)	(0.005)	(0.005)	(0.009)	(0.006)

续表

		OLS 模型		RE 模型	FE 模型		
		（1）	（2）	（3）	（4）全样本	（5）城镇	（6）农村
主事者特征	性别	-0.049* (0.025)	-0.037 (0.025)	-0.008 (0.024)	0.053** (0.024)	0.075** (0.038)	0.027 (0.032)
	年龄	-0.003** (0.001)	-0.003*** (0.001)	-0.001 (0.001)	-0.000 (0.001)	0.007*** (0.002)	-0.006*** (0.001)
	党员身份	0.148*** (0.040)	0.148*** (0.039)	0.121*** (0.039)	0.087** (0.039)	0.084 (0.056)	0.034 (0.053)
婚姻状况	已婚	0.427*** (0.074)	0.370*** (0.072)	0.329*** (0.072)	0.408*** (0.072)	0.095 (0.120)	0.572*** (0.088)
	同居	-0.315 (0.224)	-0.349 (0.218)	-0.461** (0.220)	-0.424* (0.219)	-0.744** (0.308)	-0.285 (0.316)
	离婚	-0.182* (0.109)	-0.105 (0.107)	-0.205* (0.107)	-0.162 (0.107)	-0.380** (0.156)	-0.048 (0.159)
	丧偶	-0.010 (0.088)	-0.025 (0.086)	-0.080 (0.086)	0.004 (0.086)	-0.349** (0.141)	0.191* (0.106)
教育程度	小学	0.218*** (0.031)	0.220*** (0.031)	0.226*** (0.031)	0.264*** (0.031)	0.266*** (0.054)	0.241*** (0.036)
	初中	0.198*** (0.032)	0.204*** (0.032)	0.211*** (0.031)	0.309*** (0.033)	0.318*** (0.054)	0.319*** (0.040)
	高中	0.244*** (0.043)	0.263*** (0.042)	0.252*** (0.042)	0.377*** (0.043)	0.468*** (0.065)	0.351*** (0.061)
	专科	0.518*** (0.071)	0.517*** (0.069)	0.508*** (0.069)	0.640*** (0.070)	0.767*** (0.088)	0.252 (0.155)
	本科	0.620*** (0.100)	0.598*** (0.098)	0.632*** (0.099)	0.838*** (0.099)	0.948*** (0.118)	0.604** (0.301)
	硕士	0.710** (0.354)	0.528 (0.346)	0.544 (0.349)	0.769** (0.347)	0.856** (0.370)	
健康状况	一般	-0.022 (0.037)	-0.024 (0.036)	-0.030 (0.036)	-0.110*** (0.036)	-0.094 (0.059)	-0.108** (0.045)
	比较不健康	0.209*** (0.035)	0.212*** (0.034)	0.185*** (0.034)	-0.123*** (0.038)	-0.154*** (0.061)	-0.114** (0.047)

续表

		OLS 模型		RE 模型	FE 模型		
		（1）	（2）	（3）	（4）全样本	（5）城镇	（6）农村
健康状况	不健康	0.016 (0.039)	0.037 (0.038)	0.048 (0.039)	-0.219*** (0.041)	-0.256*** (0.067)	-0.213*** (0.050)
	非常不健康	-0.245*** (0.041)	-0.229*** (0.040)	-0.263*** (0.040)	-0.581*** (0.044)	-0.730*** (0.074)	-0.481*** (0.053)
家庭结构	家庭人口数	-0.002 (0.008)	-0.006 (0.008)	-0.006 (0.007)	0.018** (0.008)	0.017 (0.013)	0.018** (0.009)
	抚养比	-0.020 (0.044)	0.012 (0.043)	0.076* (0.043)	-0.024 (0.043)	0.108 (0.067)	-0.174*** (0.055)
	就业人数	0.131*** (0.011)	0.132*** (0.011)	0.147*** (0.011)	0.081*** (0.011)	0.103*** (0.020)	0.085*** (0.014)
地区		控制	控制	不控制	控制	控制	控制
年份		控制	控制	不控制	控制	控制	控制
常数项		5.127*** (0.217)	6.346*** (0.216)	5.337*** (0.129)	5.595*** (0.129)	5.182*** (0.201)	5.860*** (0.188)
样本量		35566	35566	35566	35566	15747	19819
AdjR^2		0.2358	0.2723	0.2595	0.2546	0.3235	0.1636

注：表中给出各变量的估计系数和标准差。***、**、*分别表示在1%、5%和10%水平下显著。婚姻状况的基准组为未婚，受教育程度的基准组为未上学，健康状况的基准组为健康。由于篇幅原因，时间和省份虚拟变量回归结果省略。下同。

模型（2）在模型（1）的基础上，引入房价与是否有房的交叉项和房价与是否多套房的交叉项。房价与是否有房的交叉项对家庭净财产的影响显著为正，这说明房价对有房家庭财产积累的影响大于无房家庭。房价与是否多套房的交叉项对家庭净财产的影响显著为正，这说明房价对多套房家庭财产积累的影响大于无房家庭和一套房家庭。具体来说，房价上涨1%，无房家庭净财产提高19.8%，一套房家庭净财产提高54.4%，多套房家庭净财产提高63.5%。由此可见，房价上涨会进一步扩大有房家庭与无房家庭的财产积累差距。综上所述，房价上涨对城乡家庭净财产有显著正向影响，房价上涨对有房家庭财产积累的影响大于无房家庭，且房价上涨对投资型住房家庭财产积累的影响大于消费型住房家庭。另外，家庭可支配收入越高，家庭净财产越高。相对于男性主事者，女性主事者家庭净财产更高。相对于未婚主事者，已婚主事者家庭净财产更高。受教育程度越高的主事者，其家庭净财产越高。健康状况越差的主事者，其家庭净财产越低。家庭就业人数越多，其家庭净财产越高。

三 稳健性检验

为避免个体差异及时间变化所产生的内生性问题，本章还根据面板数据特征，分别采用固定效应和随机效应模型进行分析。如模型（3）和模型（4）所示，结果与前文结论一致。房价上涨对城乡家庭净财产的影响显著为正，房价与是否有房的交叉项和房价与是否多套房的交叉项对城乡家庭净财产的影响均显著为正。根据 Hausman 检验发现，本章更倾向于固定效应模型，后文研究中没有特别说明则均使用固定效应模型。另外，这里还分别探究房价波动对城镇和农村家庭财产积累的影响。如模型（5）和模型（6）所示，房价上涨对城镇和农村家庭净财产的影响显著为正，房价与是否有房的交叉项和房价与是否多套房的交叉项对城镇和农村家庭净财产的影响均为正。这再次验证之前的结论，房价上涨对城乡家庭净财产有显著正向影响，房价上涨对有房家庭财产积累的影响大于无房家庭，且房价上涨对投资型住房家庭的影响大于消费型住房家庭。

第四节 房价对家庭财产积累的机制分析

前文证实了房价上涨对中国城乡家庭财产积累有显著正向影响，且随着家庭房产个数的提高，房价上涨对家庭财产积累的影响越来越大。接下来，本节将从生命周期各阶段、家庭财产水平和房产类型三个方面考察房价对家庭财产积累的作用影响。

一 生命周期各阶段房价的影响

考虑到房价波动对不同生命周期家庭财产积累的影响可能会有所不同，这里将根据家庭主事者年龄进行划分，探究房价波动对不同家庭财产积累的影响差异。如表 7-9 所示，房价上涨对青年（20—29 岁）和老年（50—59 岁）无房家庭财产积累的影响较大。对于这两类无房家庭，为购置婚房而进行储蓄的动机较强，房价上涨迫使这两类无房家庭"为买房而储蓄"，从而有利于家庭财产积累。随着家庭主事者年龄的提高，房价上涨对有房家庭财产积累的影响呈"U"形变化，房价对老年（50—59 岁）一套房家庭和多套房家庭财产积累的影响最大。这是因为老年家庭组收入水平较高，房价上涨使得老年有房家庭更倾向于投资房产进行财产积累。另外，拥有多套房的老年家庭比重较高，房价上涨使得家庭住房财产快速增值。由此可见，房价上涨对老年家庭财产积累的影响最大。

表 7-9　　生命周期各阶段房价对城乡家庭财产的影响

	（1） 20—29 岁	（2） 30—39 岁	（3） 40—49 岁	（4） 50—59 岁	（5） 60 岁及以上
房价对数	0.247*** (0.068)	0.063 (0.042)	0.114*** (0.029)	0.266*** (0.033)	0.143*** (0.027)
房产个数	0.987*** (0.253)	0.211 (0.153)	0.094 (0.105)	0.007 (0.105)	0.168 (0.105)
房价对数× 是否有房	0.157*** (0.045)	0.335*** (0.026)	0.387*** (0.019)	0.302*** (0.019)	0.360*** (0.017)
房价对数× 是否多套房	-0.076 (0.048)	0.065** (0.027)	0.086*** (0.019)	0.115*** (0.019)	0.083*** (0.018)
地区	控制	控制	控制	控制	控制
年份	控制	控制	控制	控制	控制
样本量	1292	4883	10485	8949	9873
AdjR²	0.2757	0.2653	0.2390	0.2363	0.3590

注：由于篇幅原因，这里省略控制变量结果。控制变量包含主事者的性别、年龄、党员、婚姻状况、受教育程度以及健康状况，家庭可支配收入、家庭人口数、抚养比和家庭就业人员数，城乡划分。下同。

二　不同财产水平下房价的影响

这里将使用分位数回归法探究不同财产水平下房价波动对家庭净

财产的影响,结果如表7-10所示,与上文结论基本一致。除了低财产组(十分位点)无房家庭以外,房价上涨对城乡家庭净财产的影响显著为正,且房价上涨对有房家庭净财产的影响大于无房家庭,房价上涨对多套房家庭净财产的影响大于无房家庭和一套房家庭。也就是说,在家庭净财产水平相当的情况下,家庭拥有住房的个数越多,房价上涨对家庭财产积累的影响越大。房价上涨对低财产组无房家庭净财产的影响并不显著,这是因为低财产组无房家庭购房能力较低,房价上涨增加了购房成本,低财产组无房家庭购房可能性越来越小。综上所述,房价上涨会加剧有房家庭和无房家庭的财产积累差距,且低财产无房家庭和有房家庭财产积累差距最大。

表 7-10 不同财产水平下房价对城乡家庭财产的影响

	(1)	(2)	(3)	(4)	(5)
	10%	25%	50%	75%	90%
房价对数	0.095 (0.069)	0.133*** (0.039)	0.160*** (0.022)	0.181*** (0.019)	0.199*** (0.028)
房产个数	0.187 (0.136)	0.162** (0.076)	0.145*** (0.042)	0.131*** (0.038)	0.119** (0.056)
房价对数× 是否有房	0.651*** (0.036)	0.431*** (0.020)	0.278*** (0.011)	0.156*** (0.010)	0.052*** (0.014)
房价对数× 是否多套房	0.111*** (0.023)	0.099*** (0.013)	0.091*** (0.007)	0.085*** (0.007)	0.079*** (0.010)
地区	控制	控制	控制	控制	控制
年份	控制	控制	控制	控制	控制

三 不同房产类型下房价的影响

为进一步探究房价上涨对不同财产水平下家庭财产积累的影响差异,这里根据家庭财产水平进行五等分组,引入房价与家庭财产分组的交叉项进行分析。并根据住房个数将家庭划分为无房家庭和有房家庭,考虑到房价对一套房家庭和多套房家庭的影响不同,这里将有房家庭进一步划分为消费型住房家庭(一套房家庭)和投资型住房家庭

(多套房家庭)。如表 7-11 所示，无论是哪一类型房产家庭，随着家庭财产组别的提高，房价上涨对家庭财产积累的影响不断提高。房价上涨对最低财产组家庭净财产的影响显著为负，房价上涨对最高财产组家庭净财产的影响显著为正且最大。由此可见，房价上涨加速高财产水平家庭的财产积累速度，从而形成财产积累的"马太效应"，即穷人越穷、富人越富。

表 7-11　　不同房产类型下房价对城乡家庭财产的影响

	(1) 无房家庭	(2) 有房家庭	(3) 消费型住房家庭	(4) 投资型住房家庭
房价对数	-0.237*** (0.034)	-0.135*** (0.012)	-0.154*** (0.014)	-0.031 (0.025)
房价对数× 中低财产	0.531*** (0.024)	0.270*** (0.004)	0.283*** (0.004)	0.115*** (0.014)
房价对数× 中等财产	0.617*** (0.028)	0.354*** (0.004)	0.368*** (0.004)	0.201*** (0.012)
房价对数× 中高财产	0.686*** (0.030)	0.420*** (0.004)	0.434*** (0.004)	0.277*** (0.010)
房价对数× 高财产	0.768*** (0.035)	0.514*** (0.004)	0.519*** (0.005)	0.381*** (0.009)
地区	控制	控制	控制	控制
年份	控制	控制	控制	控制
样本量	3396	32304	27662	4642
AdjR^2	0.3948	0.4802	0.4577	0.5058

第五节　中国家庭财产积累分解（2010—2016 年）

上文静态分析了房价波动对家庭财产水平的影响及作用机制，本节将考虑时间因素，从动态视角分析房价波动对家庭财产积累的影响。在家庭财产积累过程中，变量对财产积累的贡献取决于两个方面：一是变量自身的分布效应，即禀赋效应；二是变量对于财产的偏效应，即回报效应（杨灿和王辉，2020）。

本节将采用 OB 分解对 2010—2016 年财产积累进行分解，从房价波动的禀赋效应和回报效应两方面考察房价波动对家庭财产积累的影响。这里房价波动的禀赋效应是指不同年份房价分布差异导致家庭财产积累的变化，即假定房价对财产影响的回报率相同，房价分布变化对家庭财产积累的贡献度。房价波动的回报效应是指不同年份房价的财产回报率差异导致家庭财产积累的变化，即假定房价分布不变，房价的财产回报率差异对家庭财产积累的贡献度。

一 全样本分解

这里将简化财产方程表达式，不再将房价变量单独列出来。如下式所示：

$$\ln \overline{NW_t} = \beta_t \overline{X_t} \tag{7-2}$$

$$\ln \overline{NW_{t+1}} = \beta_{t+1} \overline{X_{t+1}} \tag{7-3}$$

其中，$\ln \overline{NW_t}$ 和 $\ln \overline{NW_{t+1}}$ 分别为 t 期和 $t+1$ 期家庭净财产对数的样本均值，$\overline{X_t}$ 和 $\overline{X_{t+1}}$ 分别为 t 期和 $t+1$ 期解释变量的样本均值，β_t 和 β_{t+1} 分别为 t 期和 $t+1$ 期财产方程的回归系数估计值。t 期至 $t+1$ 期财产积累可分解为禀赋效应（$\overline{X_{t+1}} - \overline{X_t}$）和回报效应（$\beta_{t+1} - \beta_t$），如下式所示：

$$\ln \overline{NW_{t+1}} - \ln \overline{NW_t} = \beta_{t+1} \overline{X_{t+1}} - \beta_t \overline{X_t} \tag{7-4}$$

$$= \beta_{t+1}(\overline{X_{t+1}} - \overline{X_t}) + (\beta_{t+1} - \beta_t)\overline{X_t} \tag{7-5}$$

本节以 2010 年为参照进行分解，考虑到某些自变量之间的相关性会给分解结果带来偏误，参照已有研究的处理方式将含义接近的变量进行合并①。结果如表 7-12 所示，2010—2016 年家庭财产积累主

---

① 合并方法：根据回归得出变量系数后，将分组后的变量与其对应系数相乘后再汇总，得到一个新的变量。主事者性别、年龄、党员和婚姻状况合并生成主事者特征变量，家庭人口数、抚养比和家庭就业人员数进行合并生成家庭人口结构变量，所有的省份虚拟变量合并生成地区综合变量。

要来源于回报效应,且回报效应在1%的水平下显著。房价波动对家庭财产积累影响的禀赋效应和回报效应均在1%的水平下显著,且房价波动对家庭财产积累影响的回报效应远高于禀赋效应。随着家庭财产积累年份不断提高,房价波动对家庭财产积累影响的禀赋效应和回报效应都在不断增强。由此可见,房价波动对家庭财产积累的影响主要是通过回报效应进行反馈,当跨期时间越长,房价波动对家庭财产积累的贡献度越高。

表 7-12　　2010—2016 年财产积累的 OB 分解结果

	2010—2012 年		2010—2014 年		2010—2016 年	
	数值	占比（%）	数值	占比（%）	数值	占比（%）
禀赋效应						
房价对数	0.067***	10	0.137***	22	0.167***	24
主事者特征变量	-0.370***	-56	-0.105***	-17	-0.528***	-77
主事者教育程度	0.012***	2	-0.004**	-1	-0.063***	-9
主事者健康状况	-0.222***	-33	-0.197***	-32	-0.208***	-30
家庭可支配收入	0.023***	3	0.073***	12	0.085***	12
家庭人口结构	-0.215***	-32	0.039***	-6	-0.149***	-22
地区综合变量	0.001	0	0.001	0	0.001	0
合计	-0.706***	-106	-0.133***	-22	-0.694***	-101
回报效应						
房价对数	0.531**	80	0.345	56	1.446***	210
主事者特征变量	0.003	0	0.006	1	0.006	1
主事者教育程度	0.147*	22	0.210***	34	0.241***	35
主事者健康状况	-0.012	-2	0.013	2	0.008	1
家庭可支配收入	-0.815***	-123	-0.408**	-67	-0.632***	-92
家庭人口结构	0.251**	38	0.060	10	0.034	5
地区综合变量	-0.136	-21	-0.191**	-31	-0.283***	-41
常数项	1.402***	211	-0.709**	116	0.564*	-82
合计	1.371***	206	0.744***	122	1.384***	201

二　分组分解

上文从房产类型、生命周期各阶段和家庭财产水平三个方面考察了房价波动对家庭财产积累的影响。房价上涨对多套房家庭财产积累的影响大于无房家庭和一套房家庭，房价上涨对老年家庭财产积累的影响较大。财产水平越高，房价上涨对家庭财产积累的影响越大。本节将进一步根据家庭房产类型、主事者年龄和家庭财产水平进行分组，对各样本组家庭财产积累进行分解。

（一）房产类型分组

首先，根据2010年家庭房产个数将样本进行分组。然后，采用OB分解法对2010—2016年各房产类型家庭财产积累进行分解。如表7-13所示，房价波动对各类型房产家庭财产积累影响的回报效应远高于禀赋效应。从禀赋效应来看，房价波动对无房家庭财产积累的贡献度为负，而房价波动对有家庭财产积累的贡献度为正，且房价波动对多套房家庭财产积累的贡献度大于一套房家庭。从回报效应来看，房价波动对无房家庭和多套房家庭财产积累的贡献度大于一套房家庭。总的来看，房价波动对多套房家庭财产积累的贡献度最大，房价波动对无房家庭财产积累的贡献度大于一套房家庭，这主要由于2010年无房家庭中有大部分家庭到2016年时添置房产，2010—2016年无房家庭房价波动的回报效应更高。综上所述，2010—2016年房价波动对多套房家庭财产积累的贡献度最大，其次是无房家庭，最小的是一套房家庭。

表7-13 不同房产类型家庭财产积累的OB分解结果

		无房		一套房		多套房	
		数值	占比(%)	数值	占比(%)	数值	占比(%)
禀赋效应	房价对数	-0.112**	-5	0.203***	23	0.208***	80
	主事者特征变量	-0.724	-30	-0.204*	-23	-0.525**	-201
	主事者教育程度	-0.176*	-7	-0.061***	-7	0.027	10
	主事者健康状况	-0.347**	-14	-0.165***	-19	-0.081	-31
	家庭可支配收入	0.178***	7	0.068***	8	0.023	9
	家庭人口结构	-0.226***	-9	-0.094***	-11	-0.040	-15

续表

		无房		一套房		多套房	
		数值	占比(%)	数值	占比(%)	数值	占比(%)
禀赋效应	地区综合变量	-0.001	0	0.001	0	0.002	1
	合计	-1.406***	-58	-0.252**	-28	-0.386	-148
回报效应	房价对数	4.292***	178	1.010***	113	0.337	129
	主事者特征变量	-0.002	0	-0.018*	-2	0.016	6
	主事者教育程度	0.296	12	0.154*	17	0.756***	289
	主事者健康状况	-0.041	-2	-0.038	-4	-0.005	-2
	家庭可支配收入	-1.363*	-57	-0.218	-24	-0.950**	-364
	家庭人口结构	-0.205	-9	0.159**	18	0.257	98
	地区综合变量	0.323	13	-0.374***	-42	-0.118	-45
	常数项	0.519	22	0.468	52	0.354	136
	合计	3.818***	158	1.143***	128	0.647***	248

（二）主事者年龄分组

根据2010年家庭主事者年龄将样本进行分组，并对2010—2016年各年龄组家庭财产积累进行分解。如表7-14所示，房价波动对各年龄组家庭财产积累影响的回报效应远高于禀赋效应。从禀赋效应来看，房价波动对青年家庭（20—29岁）财产积累的影响最大，房价波动对壮年家庭（30—39岁）财产积累的贡献度最小。从回报效应来看，房价波动对青年家庭（20—29岁）财产积累的影响最大，房价波动对中年家庭（40—49岁）财产积累的贡献度最小。总的来看，2010—2016年房价波动对青年家庭财产积累的贡献度最大，房价波动对中年家庭财产积累的贡献度最小。这主要由于2010—2016年青年家庭中有大部分家庭从无房转变为有房，中年家庭大多维持在一套房，2010—2016年青年家庭房价波动的回报效应更高。

（三）财产五等分组

根据2010年家庭净财产水平进行五等分组，并对2010—2016年各组家庭财产积累进行分解。如表7-15所示，房价波动对各组家庭

表7-14　生命周期各阶段家庭财产积累的OB分解结果

	20—29岁 数值	占比(%)	30—39岁 数值	占比(%)	40—49岁 数值	占比(%)	50—59岁 数值	占比(%)	60岁及以上 数值	占比(%)
禀赋效应										
房价对数	0.134**	165	0.140***	14	0.142***	17	0.188***	37	0.186***	32
特征变量	−1.774**	−2192	−0.211	−22	−0.295	−35	−0.612***	−119	−0.516**	−88
教育程度	0.098	121	−0.129*	−13	−0.015	−2	−0.051*	−10	−0.139***	−24
健康状况	0.118	145	0.018	2	−0.301***	−36	−0.218***	−42	−0.238***	−41
可支配收入	0.125**	155	0.056***	6	0.114***	13	0.084***	16	0.070***	12
人口结构	−0.197**	−244	−0.134***	−14	−0.128***	−15	−0.179***	−35	−0.189***	−32
地区变量	−0.002	−2	0.001	0	0.002	0	0.000	0	0.000	0
合计	−1.498**	−1851	−0.259	−27	−0.480***	−57	−0.789***	−154	−0.826***	−141
回报效应										
房价对数	3.568***	4409	1.641**	169	1.323***	156	1.652***	322	0.918**	157
特征变量	0.246	304	0.014	1	0.005	1	−0.001	0	−0.001	0
教育程度	0.151	187	0.235	24	0.367**	43	0.196	38	0.100	17
健康状况	−0.140	−173	−0.268*	−28	0.053	6	0.055	11	0.100	17
可支配收入	−2.678***	−3310	−0.197	−20	−1.600***	−189	−0.779***	−152	0.609*	104
人口结构	0.898*	1109	−0.164	−17	0.025	3	−0.224	−44	0.115	20
地区变量	−0.771	−953	0.029	3	−0.465***	−55	−0.214	−42	−0.270	−46
常数项	0.305	377	−0.061	−6	1.621***	191	0.613	120	−0.160	−27
合计	1.579***	1951	1.227***	127	1.328***	157	1.301***	254	1.412***	241

第七章　房价波动对家庭财产积累的影响及机制分析

表7-15　不同财产组别家庭财产积累的OB分解结果

	最低财产组		中低财产组		中等财产组		中高财产组		最高财产组	
	数值	占比(%)	数值	占比(%)	数值	占比(%)	数值	占比(%)	数值	占比(%)
禀赋效应										
房价对数	-0.108***	-3	-0.001	0	0.005***	1	0.012***	3	0.114***	58
特征变量	-0.486	-15	0.011	1	0.010	2	-0.001	0	-0.155***	-78
教育程度	0.104*	3	-0.006	-1	-0.002	0	-0.010***	-2	0.011	5
健康状况	-0.199*	-6	-0.018**	-2	0.001	0	-0.001	0	-0.004	-2
可支配收入	0.022	1	0.002	0	0.003***	1	0.001	0	0.017***	8
人口结构	-0.018	-1	-0.005**	-1	-0.005**	-1	0.002	0	-0.029***	-15
地区变量	0.005	0	0.000	0	0.000	0	0.000	0	0.000	0
合计	-0.680**	-20	-0.017	-2	0.012	3	0.003	1	-0.047	-24
回报效应										
房价对数	5.281***	159	3.758***	519	3.179***	643	2.823***	576	1.968***	996
特征变量	-0.018	-1	-0.036***	-5	-0.018**	-4	-0.024**	-5	-0.005**	-2
教育程度	0.658**	20	0.149	21	0.329**	67	0.202*	41	0.377***	191
健康状况	-0.305	-9	-0.169*	-23	-0.205***	-41	-0.098*	-20	-0.042	-21
可支配收入	0.799*	24	0.990***	137	0.973***	197	0.564***	115	0.288	146
人口结构	0.581***	18	0.332***	46	0.237***	48	0.182***	37	0.392***	198
地区变量	-0.472*	-14	-0.323***	-45	0.034	7	0.105	21	-0.137	-69
常数项	-2.525***	-76	-3.961***	-547	-4.047***	-819	-3.267***	-666	-2.598***	-1314
合计	4.000***	120	0.741***	102	0.482***	97	0.487***	99	0.245**	124

财产积累影响的回报效应远高于禀赋效应。从禀赋效应来看，房价波动对最低财产组家庭财产积累的影响显著为负，而房价波动对最高财产组家庭财产积累的影响显著为正且最高。这主要是由于最低财产组家庭2010—2016年大多为无房家庭，而最高财产家庭大多为多套房家庭。从回报效应来看，随着家庭财产组别提高，房价波动对家庭财产积累的影响不断提高，房价波动对最高财产组家庭财产积累的影响最大，这主要由于2010—2016年中等财产组家庭房产占比最高。综上所述，2010—2016年房价波动对最高财产组家庭财产积累的贡献度最大。

第六节　本章小结

房价变化对家庭财产的影响主要分为两个层面：一是房价变化对家庭消费—储蓄决策的影响，这是第六章主要探讨的问题。二是房价变化对家庭财产积累的影响，这是本章研究的重点。本书第三章使用1998—2019年国家统计局相关数据讨论了城镇家庭购房压力加重的原因，以及房价变化对家庭财产积累的影响。接下来，本章将使用2010—2016年中国家庭追踪调查数据（CFPS）探究房价变动对家庭财产积累的影响，并采用OB分解将房价波动对家庭财富积累的影响划分为禀赋效应和回报效应。考虑到房价上涨对于不同类型家庭财富积累的影响存在差异，本章还根据家庭住房个数、主事者年龄和家庭净财产水平进行划分，考察房价波动对不同家庭财产积累的影响差异。

第一，本章使用2010—2016年中国家庭追踪调查数据（CFPS）探究中国家庭财产分布和房产结构变化情况。中国家庭住房财产占家庭净财产比重最高，中国家庭住房财产分布不均衡。房产大多集中在少数富裕家庭，房价上涨会加剧中国家庭财产积累差距。90%以上的中国家庭拥有房产，大多数家庭仅拥有一套房。年轻家庭无房比重高于其他家庭，老年家庭多套房比重高于其他家庭组。无房家庭大多分布在低财产组,多套房家庭大多分布在高财产组,一套房家庭均匀分布在各财产组。无房家庭现居住房面积最小,多套房家庭现居住房面积最大。对于 2010 年无房家庭而言,现居住房面积越高的家庭,2010—2016 年购房概率越大。这是由于现居住房面积越大的家庭,家庭可支配收入和净财产水平越高,其购房能力越强,2010—2016 年拥有更多房产的可能性也越大。

第二,本章使用 2010—2016 年中国家庭追踪调查数据(CFPS)探究房价对家庭财产积累的影响。考虑到不同家庭房产属性差异对家庭财产积累的影响,本章根据房产个数将家庭划分为无房家庭、一套房家庭和多套房家庭,引入房价与家庭类型的交叉项。房价上涨对城乡家庭财产积累的影响显著为正,房价上涨对多套房家庭财产积累的影响大于无房家庭和一套房家庭,房价上涨会进一步扩大有房家庭与无房家庭财产积累差距。为避免个体差异及时间变化所产生的内生性问题,本章还根据面板数据特征,分别采用固定效应和随机效应模型进行稳健性检验。考虑到城乡家庭差异,本章还根据城乡进行划分,考察房价波动对城镇和农村家庭财产积累的影响。结果与前文结论一致,房价上涨对城乡家庭净财产有显著正向影响,房价上涨对有房家庭财产积累的影响大于无房家庭,且房价上涨对投资型住房家庭的影响大于消费型住房家庭。

第三,本章还从生命周期各阶段、家庭财产水平和房产类型三个方面考察房价对家庭财产积累的作用影响。随着家庭主事者年龄的提高,房价上涨对有房家庭财产积累的影响呈"U"形变化,房价上涨对老年家庭财产积累的影响较大。本章使用分位数回归法探究不同财产水平下房价波动对家庭净财产的影响,在家庭净财产水平相当的情况下,家庭拥有住房的个数越多,房价上涨对家庭财产积累的影响越大。为进一步探究不同房产类型下,房价波动对不同财产水平家庭的财产积累差异。本章根据家庭财产水平进行五等分组,引入房价与家庭财产分组的交叉项进行分析。无论是哪一类型房产家庭,随着家庭财产组别的提高,房价上涨对家庭财产积累的影响不断提高。房价上涨对低财产组家庭净财产的影响显著为负,房价上涨对高财产组家庭净财产的正向影响最大。由此可见，房价上涨加速高财产水平家庭的财产积累速度，从而形成财产积累的"马太效应"，即穷人越穷、富人越富。

第四，本章采用 OB 分解法对 2010—2016 年财产积累进行分解，从房价波动的禀赋效应和回报效应两个方面考察房价波动对家庭财产积累的影响。房价波动对家庭财产积累的影响主要是通过回报效应进行反馈，且随着年份提高，房价对家庭财产积累的贡献度不断增强。本章还根据家庭房产类型、主事者年龄和家庭财产水平进行分组，对各样本组家庭财产积累进行分解。根据 2010 年家庭房产个数将样本进行分组，并对 2010—2016 年各房产类型家庭财产积累进行分解。2010—2016 年房价波动对多套房家庭财产积累的贡献度最大，其次是无房家庭，最小的是一套房家庭。根据 2010 年家庭主事者年龄将样本进行分组，并对 2010—2016 年各年龄组家庭财产积累进行分解。2010—2016 年房价波动对青年家庭财产积累的贡献度最大，房价波动对中年家庭财产积累的贡献度最小。根据 2010 年家庭净财产水平进行五等分组，并对 2010—2016 年各组家庭财产积累进行分解，2010—2016 年房价波动对最高财产组家庭财产积累的贡献度最大。这再次说明，房价上涨会扩大中国家庭财产积累差距，从而产生财产积累的"马太效应"，即穷者越穷、富者越富。

第八章

结论与政策建议

第一节 结 论

本书首先从宏观层面对中国家庭财产积累现状及路径进行分析，并从"数量效应"和"价格效应"两方面探究各阶段中国家庭财产积累变化。然后从微观层面考察中国家庭财产积累的作用机制，并从理论和实证两方面考察预防性储蓄和房价波动对城乡家庭财产积累的影响，最终得出以下研究结论：

（1）本书基于中国国家资产负债表对中国家庭财产积累现状及路径进行分析，探究中国高储蓄率和高房价形成的原因，从而指出预防性储蓄和房价波动对家庭财产积累的重要性，并使用国家统计局相关数据探究房价波动对家庭财产积累的影响。还利用 WID 数据将中国家庭财产积累分解为数量效应（储蓄）和价格效应（资本损益），将储蓄和资本相对价格与家庭财产积累联系起来。1993—2015 年储蓄（数量效应）可以解释中国家庭财产积累的 57%，而资本相对价格（价格效应）则可以解释剩余的 43%。当跨越时间越长，初始财富对家庭财产积累的影响越小，而储蓄和资本相对价格对家庭财产积累的影响越大。

（2）本书利用 CFPS2010—2016 年面板数据探究中国城乡家庭储蓄行为，证实了预防性储蓄动机的存在。为了进一步确保结论的有效性，本书采用不同收入口径以及去趋势化处理方法重估永久性收入和收入不确定性指标，同时还比较了各分项收入的不确定性对家庭储蓄的影响差异。中国城乡家庭存在较强的预防性储蓄动机，工资性收入的不确定性对家庭储蓄的影响最大。除此以外，本书试图从收入、储蓄以及年龄等方面探究预防性储蓄动机的作用机制。无论是城镇家庭还是农村家庭，随着收入组别的上升，家庭预防性储蓄动机不断加强。家庭储蓄水平越高，收入不确定性对家庭储蓄的影响越小。中老年家庭的预防性储蓄动机较强，而青壮年家庭的预防性储蓄动机较弱。这是因为相对于青壮年家庭，中老年家庭组的收入水平相对较高，其储蓄能力较强且往往会面临为子女购房结婚的压力。

（3）本书利用2010—2016年CFPS面板数据探究永久性收入和收入不确定性对城乡家庭净财产的影响，永久性收入和收入不确定性对家庭财富积累均有显著正向影响，且永久性收入对家庭财富积累的影响远大于收入不确定性的影响。为避免个体差异所产生的内生性问题，本书还分别采用随机效应和固定效应模型进行分析。为进一步确保结论的有效性，本书使用工具变量法、分位数回归和分项财产回归进行检验。结果证实了收入不确定性对家庭财富积累有显著正向影响。为了进一步探究预防性储蓄对家庭财富积累的贡献度，本书基于Caballero（1990）的理论模型从数理推导上得出收入不确定性对家庭财富积累的贡献度。利用2010—2016年CFPS面板数据对城乡家庭预防性储蓄的重要性进行量化分析，结果发现预防性储蓄对城乡家庭金融性财产的贡献度为18%—28%。本书还从财产水平和生命周期两个视角探究预防性储蓄对家庭财富积累的作用机制。随着家庭财产水平不断提高，预防性储蓄对城镇家庭财富积累的影响不断增长。随着生命周期不断推进，预防性储蓄对家庭财富积累的影响越来越小。

（4）本书利用2010—2016年CFPS面板数据从"财富效应"和"为购房而储蓄"的储蓄动机两方面探究房价波动对中国城乡家庭储蓄率的影响。为避免个体差异所产生的内生性问题，本书还分别采用随机效应和固定效应模型进行分析。结果证实房价波动对城乡家庭储蓄的影响来自两方面：当房价水平提高时，房价对城乡家庭储蓄率影响的"财富效应"使得家庭储蓄率下降。当预期房价增长率上升时，房价上涨使得城乡家庭"为购房而储蓄"的储蓄动机不断加强。收入不确定性对家庭储蓄率的影响显著为正，再次验证了预防性储蓄动机的存在性。为了进一步检验结果的稳健性，本书还考察不同估算口径下的储蓄率和房价指标对估计结果的影响，通过引入房价与人均住房面积交叉项检验房价对家庭储蓄的影响。另外，本书还从生命周期各阶段、储蓄率水平、收入水平、房产水平和房产类型五个方面考察房价波动对储蓄率的作用机制。对于无房家庭，房价波动只会产生"为购房而储蓄"的储蓄动机，并不能产生"财富效应"。对于一套房家庭，房价波动会同时产生"财富效应"和"为购房而储蓄"的储蓄动机。对于多套房家庭，房价波动仅会产生"财富效应"，而不存在"为购房而储蓄"的储蓄动机。

（5）本书利用2010—2016年CFPS面板数据探究房价波动对家庭财产积累的影响，并采用OB分解将房价波动对家庭财富积累的影响分解为禀赋效应和回报效应。房价上涨对多套房家庭财产积累的影响大于无房家庭和一套房家庭，房价上涨会进一步扩大有房家庭与无房家庭的财产积累差距。为避免个体差异及时间变化所产生的内生性问题，本书还根据面板数据特征，分别采用固定效应和随机效应模型进行分析，结果与前文结论一致。本书还从生命周期各阶段、家庭财产水平和房产类型三个方面考察房价对家庭财产积累的作用影响。随着家庭主事者年龄的提高，房价波动对有房家庭财产积累的影响呈倒"U"形变化。在家庭净财产水平相当的情况下，家庭拥有住房的个数越多，房价上涨对家庭财产积累的影响越大。房价上涨加速高财产水平家庭的财产积累速度，从而形成财产积累的"马太效应"，即穷人越穷、富人越富。通过对2010—2016年财产积累进行分解，房价波动对家庭财产积累的影响主要是通过回报效应进行反馈，且随着年份提高房价波动对家庭财产积累的贡献度不断增强。另外，本书还根据家庭房产类型、主事者年龄和家庭财产水平进行分组，对各样本组家庭财产积累进行分解。2010—2016年房价波动对多套房家庭、青年家庭和最高财产组家庭财产积累的贡献度大于其他家庭。

第二节 政策建议

本书发现储蓄可以解释1993—2015年中国家庭财产积累的57%，而资本相对价格的上涨可以解释中国家庭财产积累的43%。1978—2015年中国家庭财产的份额由1978年的30%上升至2015年的70%。1978—2015年家庭财产占比不断提高主要归因于家庭住房价值占比的不断提高。一方面是由于住房体制改革导致家庭住房比重不断上升，从而使得家庭住房拥有量不断提高。另一方面是房价的不断攀升，使得家庭住房价值也在不断提高。通过对收入不确定性引致的预防性储蓄以及房价波动对财富积累的影响分析发现，中国城乡家庭确实存在较强的预防性储蓄动机，且工资性收入的不确定性对家庭储蓄的影响最大。其中，预防性储蓄对城乡家庭金融性财产的贡献度为18%—28%。

房价波动对城乡家庭储蓄的影响来自以下两个方面：一是当房价水平提高时，房价对城乡家庭储蓄影响的"财富效应"使得家庭储蓄率下降；二是当预期房价增长率上升时，房价上涨使得城乡家庭"为购房而储蓄"的储蓄动机不断加强。对于无房家庭，房价波动只会产生"为购房而储蓄"的储蓄动机。对于一套房家庭，房价波动会同时产生"财富效应"和"为购房而储蓄"的储蓄动机。对于多套房家庭，房价波动仅会产生"财富效应"，而不存在"为购房而储蓄"的储蓄动机。房价上涨对城乡家庭净财产有显著正向影响，房价波动对有房家庭财产积累的影响大于无房家庭，且房价波动对投资型住房家庭的影响大于消费型住房家庭。

房价上涨对多套房家庭财产积累的影响大于无房家庭和一套房家庭，房价上涨会进一步扩大有房家庭与无房家庭的财产差距。随着家庭主事者年龄的提高，房价对有房家庭财产积累的影响呈倒"U"形变化。在家庭净财产水平相当的情况下，家庭拥有住房的个数越多，房价对其家庭财产积累的影响越大。房价上涨加速高财产水平家庭的财

第八章　结论与政策建议

产积累速度，从而形成财产积累的"马太效应"，即穷人越穷、富人越富。房价波动对家庭财产积累的影响主要是通过回报效应进行反馈，且随着年份提高房价对家庭财产积累的贡献度不断增强。2010—2016年房价波动对多套房家庭、青年家庭和最高财产组家庭财产积累的贡献度大于其他家庭。

本书提出以下相关政策建议：首先，要保持经济快速稳定增长，并完善收入分配和社会保障制度，降低居民对于收入不确定性的预期。其次，可以通过健全房地产调控体系来防止房价的剧烈波动，具体措施包括完善土地供给制度、适度征收房产税、推广住房反向抵押贷款以及完善保障房供给制度等，使之成为一种长效机制。只有从收入和房价两方面双管齐下，才能将居民的预防性储蓄维持在一个合理的区间范围。最后，考虑到房价波动的"财富效应"和"为购房而储蓄"的储蓄动机在不同房产家庭间存在明显差异，因此房价调控需要采取差异化的思路。对于房价调控的手段不应局限于房产价格的限制，还应该对购房资格以及多房家庭贷款限制等方面的综合调控。坚持"房子是用来住的、不是用来炒的"定位，加快建设多主体供给、多渠道保障、租赁并举的住房制度，让全体人民住有所居。

第三节　创新与不足

结合第三章至第七章的内容，分别讨论本书的主要创新点。

第一，第三章有关中国家庭财产积累的研究，相对与国内外现有研究，本章研究的边际贡献如下：一是使用2000—2019年中国国家资产负债表数据对中国家庭财产积累现状及路径进行分析。二是使用WID数据将中国家庭财产积累分解为数量效应（储蓄）和价格效应（资本损益），从而将储蓄和资本相对价格与家庭财产联系起来。

第二，第四章有关中国城乡家庭预防性储蓄行为研究，相对于国内现有研究，本章研究的边际贡献如下：一是使用微观追踪调查数据对中国城乡家庭预防性储蓄行为进行研究。发现了支持预防性储蓄动机存在的新证据,即收入不确定性对中国家庭储蓄有显著正向影响。二是同时考察收入不确定性和劳动力市场不确定性对城乡家庭储蓄的影响。三是从收入、储蓄以及年龄等多个视角探究预防性储蓄的作用机制。

第三,第五章有关预防性储蓄与财富积累的研究,相对于国内现有研究,本章研究的边际贡献如下:一是使用微观追踪调查数据对中国城乡家庭预防性储蓄的重要性进行分析。二是考察预防性储蓄对各类财产积累的影响。三是探究不同财产水平下预防性储蓄对家庭财产积累的影响。四是模拟估算预防性储蓄对家庭财富积累的贡献度。

第四,第六章有关房价对城乡家庭储蓄率影响的研究,相对于国内现有研究,本章研究的边际贡献如下:一是使用微观数据考察收入不确定性和房价波动对城乡家庭储蓄率的影响。二是将房价波动对家庭储蓄率的影响分为两个层面进行考察,使用房价水平和预期房价增长率从"财富效应"和"为购房而储蓄"的储蓄动机两方面探究房价波动对家庭储蓄率的影响。三是从生命周期、储蓄率水平、收入水平、房产水平和房产类型等方面探究房价波动对家庭储蓄率影响的作用机制。

第五,第七章有关房价对家庭财产积累的影响研究,相对于国内现有研究,本章研究的边际贡献如下:一是本书使用微观追踪调查数据探究房价波动对家庭财产积累的影响。二是本书还从生命周期各阶段、家庭财产水平和房产类型三个方面考察房价对家庭财产积累的作用影响。三是本书采用 OB 分解法将 2010—2016 年家庭财产积累分解为禀赋效应和回报效应,从禀赋效应和回报效应两方面探究房价波动对不同类型家庭财产积累的贡献度差异。

本书的不足主要表现在四个方面。一是分析的时期不够长,结论的稳定性和可靠性还需要以后的发展来检验。二是本书分析预防性储蓄动机时,仅使用收入不确定性的客观度量指标。从直观上看,主观度量指标更能够反映受访者对收入不确定性的直接感受,但主观度量指标在实际调查中难度较大,且 CFPS 问卷中暂无这方面的调查信息。三是本书分析预期房价增长率对家庭储蓄率影响,根据《中国统计年鉴》中各省份商品房销售价格计算预期房价增长率，一方面，商品房销售价格更多的是反映城镇地区房价水平，很难反映农村地区房价水平；另一方面，以省份作为衡量口径太宽，很难反映同一省份不同地区房价波动的差异性。四是本书从禀赋效应和回报效应两方面探究房价波动对家庭财产积累的贡献度，在一定程度上说明了房价因素对中国城乡家庭财产积累的重要性。未来可以进一步探究房价变化对家庭住房财产的影响，以及房价变化对城乡家庭财产差距的影响及贡献度。

附 录

附录Ⅰ 附表

附表1　　2010—2016年城乡家庭各类财产占比情况　　　单位:%

全样本	2010年	2012年	2014年	2016年
金融净财产	3.3	7.5	8.3	9.3
风险性金融财产	1.1	2.7	1.4	1.7
非风险性金融财产	3.4	8.9	8.4	8.5
非金融性净财产	96.7	92.5	91.7	90.7
净房产	76.2	71.1	77.4	75.6
其他财产	20.4	21.5	14.3	15.0
农村样本	2010年	2012年	2014年	2016年
金融净财产	0.2	3.6	4.8	5.9
风险性金融财产	0.1	1.4	0.0	0.1
非风险性金融财产	2.8	8.1	7.4	8.4
非金融性净财产	99.8	96.4	95.2	94.1
净房产	62.2	57.0	64.4	65.6
其他财产	37.6	39.4	30.8	28.5
城镇样布	2010年	2012年	2014年	2016年
金融净财产	4.9	9.7	10.1	10.7
风险性金融财产	1.6	3.4	2.1	2.3
非风险性金融财产	3.6	9.3	8.9	8.5

续表

城镇样本	2010年	2012年	2014年	2016年
非金融性净财产	95.1	90.3	89.9	89.3
净房产	85.4	79.0	83.9	79.6
其他财产	9.7	11.3	6.0	9.7

注：金融性净财产包含风险性金融财产、非风险性金融财产和非房贷款，因此，风险性金融财产和非风险性金融财产占比之和大于金融性净财产占比。非金融性净财产包含净房产和其他财产。

附表2　2010—2016年五等财产组下的各项财产占比情况　　单位:%

2010年	最低财产组	中低财产组	中等财产组	中高财产组	最高财产组
金融净财产	-45.9	-0.4	0.1	2.9%	5.5%
风险性金融财产	0.2	0.1	0.2	0.5%	1.4%
非风险性金融财产	5.5	3.1	3.5	3.6%	3.4%
非金融性净财产	145.9	100.4	99.9	97.1%	94.5%
净房产	65.9	62.3	68.4	72.8%	79.1%
其他财产	79.9	38.1	31.4	24.3%	15.4%
2012年	最低财产组	中低财产组	中等财产组	中高财产组	最高财产组
金融净财产	-62.1	5.4	6.7	7.6	8.8
风险性金融财产	1.2	1.2	1.8	1.6	3.1
非风险性金融财产	23.2	12.1	10.1	9.4	7.7
非金融性净财产	162.1	94.6	93.3	92.4	91.2
净房产	88.3	61.9	66.2	71.0	71.8
其他财产	73.8	32.7	27.2	21.4	19.4
2014年	最低财产组	中低财产组	中等财产组	中高财产组	最高财产组
金融净财产	-73.5	5.0	7.6	9.7	9.6
风险性金融财产	0.8	0.3	0.2	0.4	1.8
非风险性金融财产	19.2	9.8	9.0	9.6	7.5
非金融性净财产	173.5	95.0	92.4	90.3	90.4
净房产	100.6	64.4	70.9	72.7	79.4
其他财产	72.9	30.7	21.5	17.6	11.0
2016年	最低财产组	中低财产组	中等财产组	中高财产组	最高财产组
金融净财产	-65.0	8.2	9.9	10.4	9.9

续表

2016 年	最低财产组	中低财产组	中等财产组	中高财产组	最高财产组
风险性金融财产	0.8	0.4	0.3	0.6	2.1
非风险性金融财产	23.5	11.6	10.9	10.2	7.5
非金融性净财产	165.0	91.8	90.1	89.6	90.1
净房产	94.4	63.5	67.5	70.6	78.3
其他财产	70.6	28.3	22.6	19.0	11.8

注：由于家庭净财产存在大量负值，最低财产组的均值受异常值的影响较大，比较不同组别的各项财产占比时排除最低财产组进行分析。金融性净财产中扣除非房贷款，但是CFPS问卷中非房贷款不一定是用于金融财产。因此，在比较金融财产占家庭净财产的比重时，尽量同时参照风险性金融财产和非风险性金融财产占比。

附表3　2010—2016年不同年龄组的家庭净资产与各项资产占比情况

家庭水平		2010 年			2012 年		
		20—35 岁	36—50 岁	50 岁以上	20—35 岁	36—50 岁	50 岁以上
数值	家庭净财产（元）	224301	218006	252543	337056	262499	292143
占比（％）	金融净财产	3.13	3.62	3.06	7.67	7.46	7.33
	风险性金融财产	0.88	1.14	1.09	2.13	3.05	2.44
	非风险性金融财产	3.73	3.67	3.11	8.63	9.34	8.31
	非金融性净财产	96.87	96.38	96.94	92.33	92.54	92.67
	净房产	73.68	73.00	80.57	68.19	70.16	73.12
	其他财产	23.19	23.38	16.37	24.14	22.38	19.54

家庭水平		2014 年			2016 年		
		20—35 岁	36—50 岁	50 岁以上	20—35 岁	36—50 岁	50 岁以上
数值	家庭净财产（元）	395888	304491.8	345504.6	543692.2	439411.5	442087.8
占比（％）	金融净财产	9.60	8.47	7.73	11.20	10.80	7.65
	风险性金融财产	0.78	1.27	1.63	2.04	1.95	1.34
	非风险性金融财产	9.91	8.88	7.54	10.22	9.34	7.38
	非金融性净财产	90.40	91.53	92.27	88.80	89.20	92.35
	净房产	76.55	75.10	79.43	71.64	72.50	79.12
	其他财产	13.85	16.43	12.84	17.16	16.70	13.23

家庭人均水平		2010 年			2012 年		
		20—35 岁	36—50 岁	50 岁以上	20—35 岁	36—50 岁	50 岁以上
数值	家庭净财产（元）	69194.3	60286.12	71477.56	86737	69471.06	82277.11

续表

	家庭人均水平	2010 年			2012 年		
		20—35 岁	36—50 岁	50 岁以上	20—35 岁	36—50 岁	50 岁以上
占比(%)	金融净财产	4.17	4.12	3.91	8.73	8.62	8.61
	风险性金融财产	1.03	1.30	1.32	2.27	3.21	2.77
	非风险性金融财产	4.10	3.83	3.59	9.18	9.87	8.73
	非金融性净财产	95.83	95.88	96.09	91.27	91.38	91.39
	净房产	75.17	74.22	80.97	68.68	70.57	74.69
	其他财产	20.66	21.66	15.12	22.59	20.81	16.69

	家庭人均水平	2014 年			2016 年		
		20—35 岁	36—50 岁	50 岁以上	20—35 岁	36—50 岁	50 岁以上
数值	家庭净财产（元）	102194	81747.76	96516.42	202479.4	138269.1	171558.2
占比(%)	金融净财产	9.88	9.17	9.04	12.43	11.28	8.63
	风险性金融财产	0.86	1.37	1.74	2.25	2.12	1.54
	非风险性金融财产	9.88	9.32	8.26	11.33	9.78	7.67
	非金融性净财产	90.12	90.83	90.96	87.57	88.72	91.37
	净房产	77.09	75.38	79.68	71.15	71.84	80.74
	其他财产	13.04	15.44	11.28	16.42	16.88	10.63

附录Ⅱ 对式（5-22）和式（5-24）的证明

1. 式（5-22）的推导过程证明如下：

对确定性条件下的欧拉方程取对数，可以得到：

$$c_t = c_{t-1} = c_T \tag{A1}$$

将财富约束 $c_T = y_T + w_{T-1}$ 带入式（A1），得到：

$$c_t = y_T + w_{T-1} \tag{A2}$$

因为确定性条件下收入增长路径为 $y_t = y_{t-1} + k$，所以有：

$$y_T = y_t + (T-t)k \tag{A3}$$

将式（A3）带入式（A2），得到：

$$c_t = w_{T-1} + y_t + (T-t)k \tag{A4}$$

结合约束条件 $c_t = y_t + w_{t-1} - w_t$ 可知：

$$w_{T-1} = w_{t+i-1} - w_{t+i} - (T-t)k \tag{A5}$$

将式（A5）两边从第 t 期到第 T 期连续求和，再除以 $T-t+1$，得到：

$$w_{T-1} = \frac{w_{t-1}}{T-t+1} - \frac{(T-t)k}{2} \tag{A6}$$

将式（A6）带入式（A4），可得：

$$c_t = \frac{w_{t-1}}{T-t+1} + y_t + \frac{(T-t)k}{2} \tag{A7}$$

由恒等式 $s_t = y_t - c_t$ 可得：

$$s_t = -\frac{(T-t)}{2}k - \frac{w_{t-1}}{T-t+1} \tag{A8}$$

又因为 $w_t = w_{t-1} + s_t$，所以最终可以得到财富函数表达式：

$$w_t = -\frac{j(T-t)}{2}k + \frac{T-t}{T-t+j}w_{t-1} \tag{A9}$$

由于 $w_0 = 0$，令 $j = t$，可得到确定性条件下代表性消费者在第 t 期的财富水平：

$$w_{t+i} = -\frac{t(T-t)}{2}k \tag{A10}$$

2. 式（5-24）的推导过程证明如下：

考虑一个代表性消费者作为家庭主事者对每一期的家庭消费—储蓄进行抉择。家庭效用最大化问题可以写成：

$$\max_{C_{t+i}} E_t \left[\sum_{i=0}^{T-t} (1+\delta)^{-i} U(C_{t+i}) \right] \tag{B1}$$

$$\text{s.t. } w_t = y_t + (1+r)w_{t-1} - c_t \tag{B2}$$

根据动态规划求解家庭主事者的最优解问题，其贝尔曼方程为：

$$V(w_t) = \max_{c_t} \left\{ U(c_t) + \frac{1}{1+\delta} E_t [V(w_{t+1})] \right\} \tag{B3}$$

在最优条件满足的情况下，将约束条件式（B2）带入贝尔曼方程式（B3）中，得到对 c_t 的一阶条件为：

$$U'(c_t) = \frac{1+r}{1+\delta} E_t [V'(w_{t+1})] \tag{B4}$$

根据包络定理对式（B3）中的 w_t 求导，得到：

$$V'(w_t) = \frac{1+r}{1+\delta} E_t [V'(w_{t+1})] = U'(c_t) \tag{B5}$$

由上式可推出 $V'(w_{t+1}) = U'(c_{t+1})$ 带入式（B4）可得到欧拉方程：

$$\frac{1+r}{1+\delta} E_t [U''(c_{t+1})] = U'(c_t) \tag{B6}$$

对 $U'(c_{t+1})$ 进行二阶泰勒展开得到：

$$U'(c_{t+1}) = U'(c_t) + U''(c_t)(c_{t+1}-c_t) + \frac{1}{2} U'''(c_t)(c_{t+1}-c_t)^2 + o((c_{t+1}-c_t)) \tag{B7}$$

将（B7）带入式（B6）中，忽略高阶无穷小量可得：

$$E_t \left[\frac{c_{t+1}-c_t}{c_t} \right] = \frac{1}{\xi} \left(\frac{r-\delta}{1+r} \right) + \frac{\theta}{2} E_t \left[\left(\frac{c_{t+1}-c_t}{c_t} \right)^2 \right] \tag{B8}$$

利用面板数据估计预防性动机强度，可将式（B8）转换为：

$$\frac{1}{N} \sum_1^N GC_{it} + \mu_i = \frac{1}{\xi} \left(\frac{r-\delta}{1+r} \right) + \frac{\theta}{2} \left(\frac{1}{N} \sum_1^N GC_{it}^2 \right) + \nu_i + \eta_i \tag{B9}$$

GC_{it} 为个体 i 在时期 t 的消费增长，N 为样本中总的时期数，μ_i 和 ν_i 为样本均值式（B8）的期望值而产生的误差项，η_i 为影响消费者边际效用的偏好变化对消费增长的冲击。设 $\text{avg}(GC_{it}^2)$ 为主事者 i 在样本数据持续时期内消费增长率的平均值，将其作为未来消费增长率预期值的近似，与未来消费增长率平方的预期值替代收入不确定，合并误差项可得：

$$\text{avg}(GC_{it}) = \frac{1}{\xi} \times \frac{r-\delta}{1+r} + \frac{\theta}{2} \text{avg}(GC_{it}^2) + \varepsilon_{it}$$

参考文献

中文文献

保永文、熊捍宏：《城乡居民财产分布差距：测度与分解》，《云南财经大学学报》2016年第2期。

常亮、贾金荣：《房价与城镇化进程关系及影响研究》，《经济经纬》2012年第3期。

陈斌开等：《理解中国消费不足：基于文献的评述》，《世界经济》2014年第7期。

陈斌开、杨汝岱：《土地供给、住房价格与中国城镇居民储蓄》，《经济研究》2013年第1期。

陈石清、朱玉林：《中国城市化水平与房地产价格的实证分析》，《经济问题》2008年第1期。

陈晓枫：《马克思论资本主义社会财产性收入》，《福建师范大学学报》（哲学社会科学版）2010年第1期。

陈彦斌、邱哲圣：《高房价如何影响居民储蓄率和财产不平等》，《经济研究》2011年第10期。

程令国、张晔：《早年的饥荒经历影响了人们的储蓄行为吗？——对中国居民高储蓄率的一个新解释》，《经济研究》2011年第8期。

范子英、刘甲炎：《为买房而储蓄——兼论房产税改革的收入分配效应》，《管理世界》2015年第5期。

甘犁等：《中国家庭资产状况及住房需求分析》，《金融研究》2013年第4期。

甘犁等：《收入不平等、流动性约束与中国家庭储蓄率》，《经济研究》2018 年第 12 期。

贾德奎、施红俊：《收入分配差距与居民储蓄率的关系——一个基于金融市场缺陷的理论解释》，《金融教学与研究》2003 年第 4 期。

贾康、孟艳：《中国居民财产分布差距扩大的分析与政策建议》，《经济社会体制比较》2011 年第 4 期。

金烨等：《收入差距与社会地位寻求：一个高储蓄率的原因》，《经济学》（季刊）2011 年第 3 期。

靳永爱、谢宇：《中国城市家庭财富水平的影响因素研究》，《劳动经济研究》2015 年第 5 期。

雷根强、蔡翔：《初次分配扭曲、财政支出城市偏向与城乡收入差距——来自中国省级面板数据的经验证据》，《数量经济技术经济研究》2012 年第 3 期。

雷根强、钱日帆：《土地财政对房地产开发投资与商品房销售价格的影响分析——来自中国地级市面板数据的经验证据》，《财贸经济》2014 年第 10 期。

雷震、张安全：《预防性储蓄的重要性研究：基于中国的经验分析》，《世界经济》2013 年第 6 期。

李超、罗润东：《老龄化、预防动机与家庭储蓄率——对中国第二次人口红利的实证研究》，《人口与经济》2018 年第 2 期。

李成、汤铎铎：《居民财富、金融监管与贸易摩擦——2018 年中国宏观经济中期报告》，《经济学动态》2018 年第 8 期。

李金良：《财产性收入与贫富差距——基于城乡收入差距视角的实证研究》，《北京邮电大学学报》（社会科学版）2008 年第 3 期。

李实、万海远：《中国居民财产差距研究的回顾与展望》，《劳动经济研究》2015 年第 5 期。

李实、岳希明：《〈21 世纪资本论〉到底发现了什么》，中国财政经济出版社 2015 年版。

李实：《中国财产分配差距与再分配政策选择》，《经济体制改革》2015 年第 1 期。

李实等：《中国中等收入者问题研究报告》，中国收入分配研究院，2017 年 3 月。

李书华、王兵：《房价波动对贫富差距影响的作用机理》，《黄河科技大学学报》2014 年第 6 期。

李晓红：《房价波动对居民财富差距的影响分析》，《中国经贸导刊》2012 年第 4 期。

李雪松、黄彦彦：《房价上涨、多套房决策与中国城镇居民储蓄率》，《经济研究》2015 年第 9 期。

李燕桥、臧旭恒：《中国城镇居民预防性储蓄动机强度检验》，《经济学动态》2011 年第 5 期。

李扬等：《中国：高储蓄、高投资和高增长研究》，《财贸经济》2007 年第 1 期。

李扬等：《中国国家资产负债表》，中国社会科学出版社 2020 年版。

李英利：《财政压力、土地财政与区域房价的时空演化——基于 GTWR 模型的实证研究》，《财政研究》2020 年第 5 期。

凌晨、张安全：《中国城乡居民预防性储蓄研究：理论与实证》，《管理世界》2012 年第 11 期。

刘民权、孙波：《商业地价形成机制、房地产泡沫及其治理》，《金融研究》2009 年第 10 期。

陆铭、陈钊：《城市化、城市倾向的经济政策与城乡收入差距》，《经济研究》2004 年第 6 期。

吕康银、朱金霞：《房地产价格变化与居民贫富差距的关系研究》，《税务与经济》2016 年第 5 期。

毛丰付、裘文龙：《纵向分权、横向竞争与土地价格扭曲》，《经济与管理研究》2013 年第 12 期。

皮凯蒂等：《中国资本积累、私有财产与不平等的增长：1978—2015》，《财经智库》2019 年第 3 期。

皮凯蒂：《21 世纪资本论》，中信出版社 2014 年版。

平新乔、陈敏彦：《融资、地价与楼盘价格趋势》，《世界经济》2004 年第 7 期。

邱俊杰、李承政：《人口年龄结构、性别结构与居民消费——基于省际动态面板数据的实证研究》，《中国人口·资源与环境》2014年第2期。

任木荣、刘波：《房价与城市化的关系——基于省际面板数据的实证分析》，《南方经济》2009年第2期。

宋铮：《中国居民储蓄行为研究》，《金融研究》1999年第6期。

邵新建等：《中国城市房价的"坚硬泡沫"——基于垄断性土地市场的研究》，《金融研究》2012年第12期。

施建淮、朱海婷：《中国城市居民预防性储蓄及预防性动机强度：1999—2003》，《经济研究》2004年第10期。

宋明月、臧旭恒：《中国居民预防性储蓄重要性的测度——来自微观数据的证据》，《经济学家》2016年第1期。

苏基溶、廖进中：《中国城镇居民储蓄的影响因素研究：基于三类储蓄动机的实证分析》，《经济评论》2010年第1期。

唐云锋、马春华：《财政压力、土地财政与"房价棘轮效应"》，《财贸经济》2017年第11期。

万广华等：《转型经济中农户储蓄行为：中国农村的实证研究》，《经济研究》2003年第5期。

王斌、高波：《土地财政、晋升激励与房价棘轮效应的实证分析》，《南京社会科学》2011年第5期。

汪伟、郭新强：《收入不平等与中国高储蓄率：基于目标性消费视角的理论与实证研究》，《管理世界》2011年第9期。

汪伟：《经济增长、人口结构变化与中国高储蓄》，《经济学》（季刊）2010年第1期。

王策、周博：《房价上涨、涟漪效应与预防性储蓄》，《经济学动态》2016年第8期。

王天夫：《房价上涨、财富积累与社会分化》，《社会学家茶座》2008年第3期。

王婷：《增加财产性收入对居民收入差距的影响评析》，《当代经济研究》2012年第7期。

王晓通：《贫富差距、地区差距与大城市的高房价》，《经济论坛》2008 年第 3 期。

谢平：《经济制度变迁和个人储蓄行为》，《财贸经济》2000 年第 10 期。

谢宇、靳永爱：《家庭财产》，载谢宇等《中国民生发展报告（2014）》，北京大学出版社 2014 年版。

谢宇：《中国民生发展报告（2013）》，北京大学出版社 2013 年版。

徐建炜等：《房价上涨背后的人口结构因素：国际经验与中国证据》，《世界经济》2012 年第 1 期。

颜色、朱国钟：《"房奴效应"还是"财富效应"？——房价上涨对国民消费影响的一个理论分析》，《管理世界》2013 年第 3 期。

杨碧云等：《中国农村家庭储蓄行为研究：基于未婚子女性别结构的经验分析》，《广东外语外贸大学学报》2014 年第 3 期。

杨灿、王辉：《社会网络与家庭财产差距——基于中国家庭追踪调查（CFPS）面板数据》，《经济与管理研究》2020 年第 4 期。

杨天宇、荣雨菲：《高收入会导致高储蓄率吗——来自中国的证据》，《经济学家》2015 年第 4 期。

易行健等：《预防性储蓄动机强度的时序变化与地区差异——基于中国农村居民的实证研究》，《经济研究》2008 年第 2 期。

袁东等：《房价变动的影响因素研究：一个文献综述》，《经济与管理研究》2016 年第 3 期。

袁志刚、宋铮：《人口年龄结构、养老保险制度与最优储蓄率》，《经济研究》2000 年第 11 期。

臧旭恒、裴春霞：《预防性储蓄、流动性约束与中国居民消费计量分析》，《经济学动态》2004 年第 12 期。

张安全、凌晨：《习惯形成下中国城乡居民预防性储蓄研究》，《统计研究》2015 年第 2 期。

张建勤、舒红艳：《房价对中国财富差距影响的作用机理》，《当代经济》2017 年第 24 期。

赵红军、孙楚仁:《二元结构、经济转轨与城乡收入差距分化》,《财经研究》2008年第3期。

赵人伟、格里芬:《中国居民收入分配研究》,中国社会科学出版社1994年版。

赵人伟、李实:《中国居民收入差距的扩大及其原因》,《经济研究》1997年第9期。

赵人伟:《中国居民收入分配和财产分布问题分析》,《当代财经》2007年第7期。

赵西亮等:《房价上涨能够解释中国城镇居民高储蓄率吗？——基于CHIP微观数据的实证分析》,《经济学》（季刊）2013年第1期。

周博:《房价波动会引致预防性储蓄吗》,《统计研究》2016年第4期。

周俊山、尹银:《中国计划生育政策对居民储蓄率的影响——基于省级面板数据的研究》,《金融研究》2011年第10期。

周绍杰等:《中国城市居民的家庭收入、消费和储蓄行为：一个基于组群的实证研究》,《经济学》（季刊）2009年第4期。

周绍杰:《中国城市居民的预防性储蓄行为研究》,《世界经济》2010年第8期。

朱英姿、许丹:《官员晋升压力、金融市场化与房价增长》,《金融研究》2013年第1期。

英文文献

Aizenman J. and Jinjarak Y., "Current Account Patterns and National Real Estate Markets", *Journal of Urban Economics*, Vol. 66, No. 2, 2009, pp. 75-89.

Archer W. R., Gatzlaff D. H. and Rosenthal S. S., "Measuring the Importance of Location in House Price Appreciation", *Journal of Urban Economics*, Vol. 40, No. 3, 2005, pp. 334-353.

Baiardi D., Magnani M. and Menegatti M., "Precautionary Saving under Many Risks", *Journal of Economics*, No. 3, 2014, pp. 211-228.

Brenner M. D. , Re-examining the Distribution of Wealth in Rural China, 2000.

Caballero R. J. , "Consumption Puzzles and Precautionary Savings", Journal of Monetary Economics, Vol. 25, No. 1, 1990, pp. 113-136.

Carroll C. and Samwick A. , "The Nature of Precautionary Wealth", Social Science Electronic Publishing, Vol. 40, No. 1, 1997, pp. 41-71.

Carroll C. D. and Samwick A. , "How Important is Precautionary Saving?", Social Science Electronic Publishing, Vol. 80 (3), No. 1, 1995, pp. 410-419.

Choi H. , Lugauer S. and Mark N. C. , "Precautionary Saving of Chinese and U. S. Households", Journal of Money, Credit and Banking, Vol. 49, No. 4, 2017, pp. 635-661.

Daniel W. , "Wealth-Income Ratios in a Small, Developing Economy: Sweden, 1810-2014", Working Paper Series 1134, Research Institute of Industrial Economics, 2016.

Davies J. B. , Sandström S. , Shorrocks A. and Wolff N. E. , "The Level and Distribution of Global Household Wealth", The Economic Journal, Vol. 121, No. 551, 2011, pp. 223-254.

Dynan K. E. "How Prudent Are Consumers?" Journal of Political Economy, Vol. 101, No. 6, 1993, pp. 1104-1113.

Fisher J. D. , Johnson D. S. , Smeeding, T. M. , "Measuring the Trends in Inequality of Individuals and Families: Income and Consumption", The American Economic Review, Vol. 103, No. 3, 2013, pp. 184-188.

Fuchs-Schundeln N. and Matthias S. , "Precautionary Savings and Self-Selection-Evidence from the German Reunification 'Experiment'", The Quarterly Journal of Economics, Vol. 120, No. 3, 2005, pp. 1085-1120.

Giavazzi F. and Michael M. , "Policy Uncertainty and Household Savings", The Review of Economics and Statistics, Vol. 94, No. 2, 2012, pp. 517-531.

Guiso L., Jappelli T. and Terlizzese D., "Earnings Uncertainty and Precautionary Saving", *Journal of Monetary Economics*, Vol. 30, No. 5, 1992, pp. 307-337.

Ihlanfeldt K. R., "The Effect of Land Use Regulation on Housing and Land Prices", *Journal of Urban Economics*, Vol. 61, No. 3, 2007, pp. 420-435.

Khan A. R., Griffin K., Riskin C., Zhao R. W., "Household Income and Its Distribution in China", *China Quarterly*, Vol. 132, 1992, pp. 1029-1061.

Kumar R., "The Evolution of Wealth-Income Ratios in India, 1860-2012", World Inequality Lab Working Papers hal-02876998, HAL, 2019.

Leland H. E., "Saving and Uncertainty: The Precautionary Demand for Saving", *The Quarterly Journal of Economics*, Vol. 82, No. 3, 1968, pp. 465-473.

Li J., "Precautionary Saving in the Presence of Labor Income and Interest Rate Risk", *Journal of Economics*, No. 3, 2012, pp. 251-266.

Li S. and Zhao R., "Changes in the Distribution of Wealth in China 1995-2002", Wider Working Paper, 2007, pp. 93-112.

Lugilde A., Roberto B. and Dolores R., "Precautionary Saving in Spain during the Great Recession: Evidence from a Panel of Uncertainty Indicators", *Review of Economics of the Household*, Vol. 16, No. 4, 2108, pp. 1151-1179.

Lusardi A., *Precautionary Saving and the Accumulation of Wealth*, Harris School of Public Policy Studies, University of Chicago, 2000.

Mankiw N. G. and Weil D. N., "The Baby Boom, the Baby Bust, and the Housing Market", Regional Science & Urban Economics, Vol. 19, No. 2, 1989, pp. 235-258.

Mayer C. J., Somerville C. T. and Capozza D., "Land Use Regulation and New Construction", *Regional Science and Urban Economics*,

Vol. 30, No. 2, 1989, pp. 639-662.

Mckinley T. , The Distribution of Wealth in Rural China// The Distribution of Wealth in Rural China, M. E. Sharpe, 1993.

Miguel A. B. , Luis E. B. and Clara M. T. , "Wealth in Spain, 1900-2014: A Country of Two Lands", World Inequality Lab Working Papers hal-02878216, HAL, 2018.

Mishkin F. S. , "Housing and the Monetary Transmission Mechanism", Working Paper Series, 2007, pp. 1-54.

Mishra A. K. , Hiroki U. and Rebekah R. P. , "Precautionary Wealth and Income Uncertainty: A Household-level Analysis", *Journal of Applied Economics*, No. 15, 2012, pp. 353-369.

Mody A. , Ohnsorge F. and Sandri D. , "Precautionary Savings in the Great Recession", *IMF Economic Review*, Vol. 60, No. 1, 2012, pp. 114-138.

Nikolaos C. , "The National Wealth-Income Ratio in Greece, 1974-2013", *Review of Income and Wealth*, Vol. 64, No. 1, 2018, pp. 83-104.

Nikolaus B. , "Precautionary Saving and Income Uncertainty in Germany—New Evidence from Microdata", *Journal of Economics and Statistics*, Vol. 228, No. 1, 2008, pp. 5-24.

Ortalo-Magne F. and Rady S. , "Housing Market Dynamics: On the Contribution of Income Shocks and Credit Constraints", *Review of Economic Studies*, Vol. 73, No. 2, 2006, pp. 459-485.

Piketty T. , *Capital in the Twenty-first Century*, The Belknap Press of Harvard University Press, 2014.

Piketty T. and Saez E. , "Income Inequality in the United States, 1913-1998", *Quarterly Journal of Economics*, Vol. 118, No. 1, 2003, pp. 1-39.

Piketty T. , Yang L. and Zucman G. , "Capital Accumulation, Private Property and Rising Inequality in China, 1978-2015", *American Economic Review*, Vol. 109, No. 7, 2019, pp. 2469-2496.

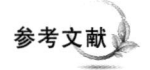

Piketty T. and Zucman G. , "Capital is Back: Wealth-Income Ratios in Rich Countries, 1700 – 2010", *The Quarterly Journal of Economics*, Vol. 129, No. 3, 2014, pp. 1255–1310.

Sato H. , Sicular T. and Yue X. , "Housing Ownership, Incomes, and Inequality in China, 2002 – 2007", University of Western Ontario, Centre for Human Capital and Productivity (CHCP) Working Papers 201112, University of Western Ontario, Centre for Human Capital and Productivity (CHCP), 2011.

Skinner J. S. , "Risky Income, Life Cycle Consumption, and Precautionary Savings", *Journal of Monetary Economics*, Vol. 22, No. 2, 1988, pp. 237–255.

Tan S. , Wang S. and Cheng C. , "Change of Housing Inequality in Urban China and Its Decomposition: 1989 – 2011", *Social Indicators Research: An International and Interdisciplinary Journal for Quality-of-Life Measurement*, Vol. 129, No. 1, 2016, pp. 29–45.

Wang Y. , "Permanent Income and Wealth Accumulation: A Cross-Sectional Study of Chinese Urban and Rural Households", *Economic Development and Cultural Change*, Vol. 43, No. 3, 1995, pp. 523–550.

Wei S. J. and Zhang X. B. , "The Competitive Saving Motive: Evidence from Rising Sex Ratios and Savings Rates in China", *Journal of Political Economy*, Vol. 119, No. 3, 2015, pp. 511–564.

Zhao B. , "Rational Housing Bubble", *Economic Theory*, Vol. 60, No. 1, 2015, pp. 141–201.

Zeldes S. P. , "Optimal Consumption with Stochastic Income: Deviations from Certainty Equivalence", *The Quarterly Journal of Economics*, Vol. 104, No. 2, 1989, pp. 275–298.